LO SPECCHIO

Impaginazione:
Ufficio Grafico Giancarlo Politi Editore

Stampato in Italia da:
Arti Grafiche Brugora, Segrate (Milano)
maggio 1990

Referenze fotografiche:
Aurelio Amendola, Beppe Avallone, Mimmo Capone, Giorgio Colombo, Salvatore Licitra.

Si ringraziano musei, gallerie private e collezionisti:
Lucio Amelio, Napoli; Boymans Museum, Rotterdam; Buchmann, Basilea; Paolo Catani, Milano;
Louis Lambelet, Basilea; Paul Maenz, Colonia; Emilio Mazzoli, Modena;
Museum of Modern Art, New York; Stedelijk Museum, Amsterdam;
Gian Enzo Sperone, Roma; Sperone-Westwater, New York;
Daniel Templon, Parigi; Franco Toselli, Milano.

In copertina:
Senza titolo (particolare), 1988. Pietra di Vicenza, 150 x 60 x 40 cm.

Sul retro:
Mimmo Paladino nel suo studio.

MIMMO
PALADINO

GIANCARLO POLITI EDITORE

Infanzia e storia

L'idea della professione era molto distante da me,
perché vivevo in un territorio
dove l'artista non esisteva come entità sociale.

Giancarlo Politi: *In tutte le nostre conversazioni non abbiamo mai parlato della tua infanzia. Tu sei di questa terra, di Benevento. Quando hai cominciato a pensare di voler fare l'artista?*

Mimmo Paladino: In questo senso ho avuto la vita molto facile, perché vivevo presso uno zio pittore. Era un pittore di ottimo livello, nel senso che conosceva le cose. Era uno che viaggiava e mi portava informazioni sui fatti dell'arte. Ho sempre disegnato, scarabocchiato; preferivo disegnare che fare altre cose, e forse questo per me aveva un valore diverso che esternare un mondo fantastico come capita a tutti i ragazzi. Dicevo che mio zio mi informava su cosa era l'arte e, all'età di 10/11 anni, mi raccontava già di Rauschenberg che incollava delle cose, invece di dipingerle, e questo era un fatto molto stimolante. Crescevo sotto gli stimoli di questi racconti, di questa idea dell'arte, però le difficoltà non tardarono ad arrivare quando, iniziati gli studi, ho dovuto imparare che l'arte era anche quella classica. Infatti quando studiavo al Liceo Artistico mi imponevano di fare il disegno dal vero che non aveva niente a che vedere con il fantastico. Credo di essere stato anche bocciato qualche anno nel disegno dal vero, perché mi rifiutavo di copiare. Certo, ho sempre avuto l'esigenza di manipolare le cose che mi creavano più implicazioni interne che esterne.

G.P.: *A 8/10 anni pensavi già di fare l'artista, dunque...*

M.P.: Non di fare l'artista come professione, ma di fare qualcosa con le mani, con i segni, con i colori. L'idea della professione era molto distante da me, poiché si viveva in un territorio dove l'artista non esisteva come entità sociale, ma era il professore di disegno che viveva insegnando e che aveva questo piacere di dipingere, pur non pensando mai di vivere con l'arte.

G.P.: *Come si è sviluppata, allora, questa necessità?*

M.P.: Probabilmente c'è stata una velocità eccessiva nella mia prima formazione culturale e di conseguenza un superamento di quello che era storia, quindi una formazione che partiva dalle avanguardie del momento; ma ad un certo punto ho dovuto fare marcia indietro per andarmi a guardare delle cose che non conoscevo. Nel 1964 mio zio mi portò alla

Biennale di Venezia a vedere la Pop Art e quando tornai qui avevo sempre negli occhi quelle immagini.

G.P.: *Quindi tuo zio è stato il primo maestro.*

M.P.: No, c'è stata una sua intelligenza nel non insegnarmi le cose. Allora succedeva che lui andava via per un periodo di tempo, però tornava ogni

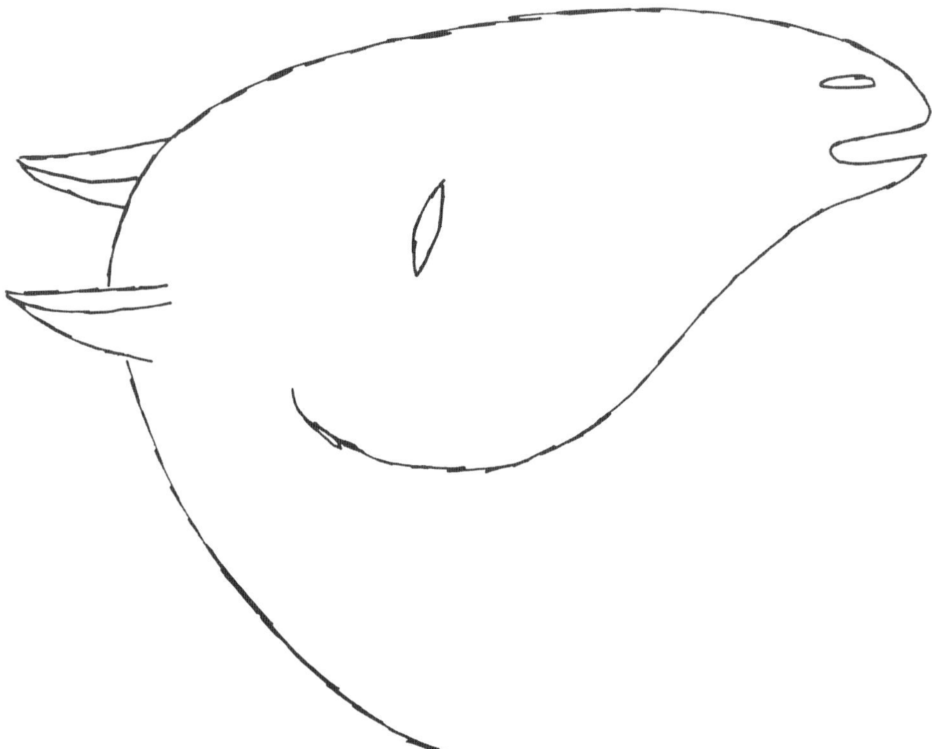

quindici, trenta giorni per cui il mio unico scopo, tra una visita e l'altra, era quello di lavorare per far vedere a lui ciò che avevo fatto. Ogni volta era una specie di esame: aprivo la cartella di fogli e lui guardava i lavori e mentre diceva "qui c'è più segno, qui meno", si parlava della pittura, di ciò che accadeva nel mondo dell'arte.

Helena Kontova: *Ti consideri allora un autodidatta?*

M.P.: In un certo senso sì, perché non credo che esista una scuola per poter insegnare ad essere artista, anch'io quando ho insegnato non riuscivo a trasmettere quello che facevo. Il mio insegnamento era molto legato al momento, all'allievo che incontravo, alle sue capacità, e cercavo di dirottare le sue capacità sempre rispetto a lui e mai rispetto al mio modo di vedere.

G.P.: *Allora il tuo modello d'artista era sempre lui, tuo zio.*

M.P.: Sì, anche come fatto visivo e questo per un lunghissimo periodo.

G.P.: *Hai frequentato il Liceo Artistico qui a Benevento?*

M.P.: Sì, era stato appena aperto e fui uno dei primi allievi, poiché non potevo fare un'altra scuola.

G.P.: *Non eri interessato ad altro?*

M.P.: No, assolutamente.

G.P.: *Dopo il Liceo Artistico di Benevento hai frequentato l'Accademia di Belle Arti di Napoli?*

M.P.: Mai frequentata l'Accademia! Si era già diffusa, dentro di me, l'idea che l'Accademia fosse un luogo di perdigiorno, di chiacchiere e di poco lavoro.

G.P.: *Ma mentre frequentavi il Liceo Artistico avevi già intravisto l'idea di fare l'artista?*

M.P.: No, perché, come dicevo, non era pensabile di poter vivere con un lavoro d'arte. Però ho insegnato molto presto, in una scuola.

G.P.: *Cosa insegnavi?*

M.P.: Ornato disegnato, una materia che prevede il disegno dal vero.

G.P.: *Nel frattempo eri diventato un artista, iniziavi a fare qualche mostra?*

M.P.: Fino al 1970 non ho mai esposto. Poi incominciai ad andare alla galleria di Lucio Amelio a vedere le mostre e tentai anche di fargli vedere dei lavori, che lui guardò con attenzione. Poi c'era Achille Bonito Oliva che a quei tempi si era spostato a Roma e tornando portava delle notizie su Pascali, Kounellis...

G.P.: *Hai conosciuto allora Achille Bonito Oliva?*

M.P.: No, non lo conoscevo personalmente, solo di vista.

Verso il sistema dell'arte

Allora c'era un'atmosfera concettuale
che esercitava un'influenza più sul piano formale,
perché intimamente sentivo che non era
un mio problema.

Giacinto Di Pietrantonio: *Ma quando è maturata la convinzione di dover lasciare Benevento per entrare nel vivo del dibattito artistico?*

M.P.: La coscienza era quella comune a tutti gli artisti del Sud che pensavano a Milano come mèta. Infatti c'era l'idea di Milano e non di Roma, forse perché quest'ultima era troppo vicina e quindi non ti dava l'idea dello spostamento. La prima volta che arrivai a Milano, probabilmente nel 1970, o nel 1968, non ricordo esattamente, il più grosso shock fu quello di vedere delle opere d'arte nei palazzi, che poi non erano vere opere d'arte, ma delle decorazioni artistiche nei portoni, una cosa strana (*ride*).

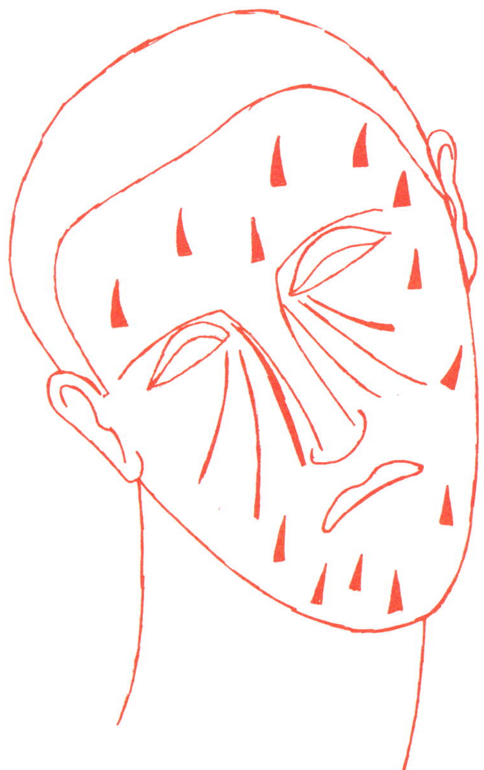

G.P.: *Ma intorno al 1970 incominci ad avere dei modelli, dei riferimenti?*

M.P.: Allora c'era un'atmosfera concettuale che esercitava un'influenza più sul piano formale, perché intimamente sentivo che non era un mio problema. Per cui se formalmente il mio lavoro presentava un aspetto più geometrico, più rigoroso, sentivo però che l'aspetto emotivo era importante. Quel momento è stato uno dei peggiori, perché guardavo eccessivamente a ciò che arrivava da fuori, e questo è un fatto negativo che va dal 1970 al '73.

G.P.: *In quel momento hai mai pensato di smettere?*

M.P.: No. C'era una grossa insoddisfazione di fondo sia per il lavoro che facevo, sia perché ero completamente isolato, tuttavia questo più che scaricarmi mi dava l'energia di voler uscire da questa dimensione terroristica dell'arte; questo fino al 1977, quando finalmente riuscii a partire per Milano.

H.K.: *Hai avuto dei rapporti diretti con gli artisti dell'Arte Povera?*

M.P.: No, avevo solo visto le loro mostre in galleria e poi, in fondo, non mi interessava conoscerli. Non ho mai avuto questo desiderio di voler conoscere personalmente gli artisti, anche se per me l'Arte Povera è stata molto suggestiva, soprattutto il lavoro di Pascali. Poi c'era anche una certa mitizzazione di questi artisti a cui si attribuiva un carattere eroico.

G.D.P.: *Pensi che nel tuo lavoro siano presenti stimoli provenienti dall'Arte Povera?*

M.P.: No, credo che sia una traccia come tutte le altre. Penso, invece, che il mio lavoro sia segnato dal mio primo contatto con la Pop Art, con tutta una generazione americana più che europea, in particolare Rauschenberg e Jasper Johns.

G.D.P.: *Prima hai parlato di Pascali, un artista su cui oggi c'è molta attenzione, hai detto che per te è importante, ma non hai chiarito il perché.*

M.P.: Intanto, perché quelle poche cose che ho visto e letto di Pascali me l'hanno fatto amare e mi hanno dato la convinzione di voler lavorare come lui, senza avarizia, con grande generosità, facendo, sperimentando, rischiando, spericolando. In lui vedo vedo l'esempio di come dovrebbe essere un artista. Poi c'è l'importanza che ha avuto nella nostra storia, come fatto di rapporto con il lavoro, molto vero, autentico, vitale, coinvolgente.

G.P.: *Quando sei arrivato a Milano sei stato preso dall'atmosfera concettuale?*

M.P.: Sì, era il primo momento della fotografia, che io ho utilizzato all'inizio, ma non in maniera narrativa, più simbolica e geometrica. Ricordo che ci fu un'accoglienza favorevole nei confronti di questi lavori, ma non so dirti per quali motivi e ben presto abbandonai questo mezzo che non rientrava nella mia sensibilità.

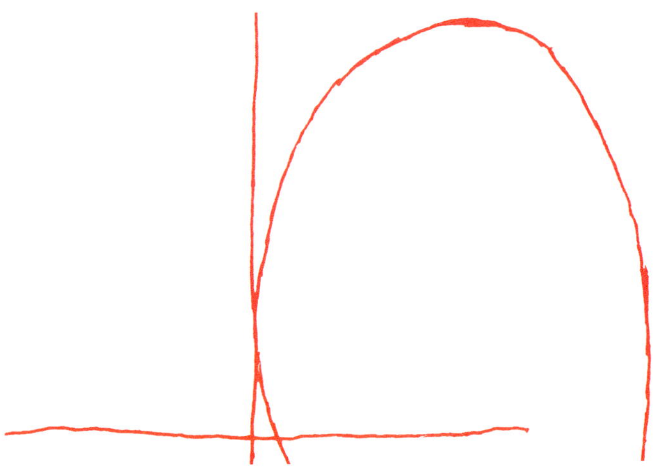

G.D.P.: *E a Milano dove hai cominciato a mostrare i tuoi lavori?*

M.P.: Da Inga-Pin, dove entrai in contatto con un giovane critico, Luca Maria Venturi, dotato di grandi entusiasmi, che mi scriveva grandi lettere, e da allora incominciai a vivere un bel momento. Poi per coincidenza incontrai Nicola De Maria, che continuai a vedere d'estate, perché lui veniva qui in vacanza dai nonni. Parlavamo molto e si discuteva dell'insofferenza del linguaggio dell'arte. Poi vidi una mostra di Francesco Clemente a Roma che mi piacque molto, e forse Clemente fu la sola persona che mi piacque incontrare.

La Transavanguardia

Ho sempre sostenuto che non è un gruppo
ma episodi isolati che comunque ruotavano
intorno alle esigenze di quell'attimo.

G.P.: *L'incontro con Chia, Clemente, Cucchi, De Maria e Bonito Oliva quando avvenne?*

M.P.: Chia e Cucchi li ho incontrati solo nel 1980, anche perché stando a Milano avevo più occasione di conoscere e frequentare chi stava a Milano; con Bonito Oliva, poi, mi sono incontrato tante volte ma mai sul lavoro.

G.P.: *Ma nel 1977/78 non vi eravate già incontrati?*

M.P.: No, allora fu Ciacia Trini a vedere i miei lavori e a pubblicare dei miei disegni. Poi, nel 1978, "Data" mi dedicò la copertina anche per volere di Tommaso Trini. Il rapporto con Bonito Oliva, se ben ricordo, è avvenuto più tardi tramite te, che volevi fare un libro. Poi ci furono le mostre da Mazzoli, ma qui siamo già nel 1980, e questo avvenne perché Mazzoli faceva presentare sempre i cataloghi a Bonito Oliva, non perché si era deciso una mostra insieme.

G.P.: *E secondo te come è nato questo gruppo della Transavanguardia?*

M.P.: Intanto ho sempre sostenuto che non è un gruppo, ma episodi isolati che comunque ruotavano intorno a delle esigenze di quell'attimo, perché questi artisti inevitabilmente dovevano magnetizzarsi intorno a qualcosa, tant'è vero che Nicola De Maria non si è magnetizzato, non ha mai fatto mostre con Mazzoli se non due anni fa, e nessuna con Sperone.

G.D.P.: *C'era stato l'episodio della mostra* Arte Cifra *a Colonia nel 1978 da Paul Maenz, che aveva già indicato con la tempestività della sua intelligenza di gallerista l'aria dei tempi che cambiava...*

M.P.: Sì, non c'era Cucchi, mentre c'erano Tatafiore e Longobardi. Paul Maenz era allora arrivato in Italia sull'onda di qualche informazione. La mostra fu accolta molto freddamente, poiché cadeva in un momento in cui non si era ancora spenta l'eco di altre cose, mentre la seconda mostra ebbe molto successo, soprattutto tra i giovani tedeschi che iniziarono a dipingere anche loro.

L'iconografia

IL LAVORO DEVE AVERE UN SUA LUCIDITÀ,
UNA SUA AUTONOMIA AL DI LÀ DELLE COSE,
COME SE DOVESSE VIVERE IN UNO SPAZIO ASTRATTO.

G.P.: *Da dove nasce il tuo lavoro, la tua iconografia? Molto spesso fai dei lavori a ciclo che affrontano un tema.*

M.P.: Nascono da un'esigenza poetica e i cicli servono per superare il momento precedente come contrapposizione e superamento.

G.D.P.: *Si può cogliere anche un'attitudine sperimentale nel tuo modo di lavorare, nella tua passione combinatoria di materiali?*

M.P.: Se tu chiami sperimentale questa voglia di cambiare, sì, ma non mi piace il termine "sperimentale" in quanto mi sembra fatto di ricerca fine a se stessa. Io, invece, mi imbatto all'improvviso in materiali o territori di immagini con cui cerco di fare delle cose all'interno del mio lavoro. Allora, se voler viaggiare all'interno di certe cose che non conosci vuol dire **possedere** un'attitudine sperimentale, mi sta bene.

H.K.: *Si sono fatti dei riferimenti tra la costruzione del tuo lavoro e il Duomo di Benevento, che è un assemblaggio di stili architettonici e scultorei che non tiene conto della cronologia storica. Pensi che siano pertinenti?*

M.P.: I Longobardi avevano la tendenza a costruire con le pietre romane che trovavano, utilizzandole sia formalmente che strutturalmente, per cui veniva fuori questo strano mosaico di pezzi. È chiaro che questo ha un suo fascino, però non è in una relazione diretta con il mio lavoro. Come dicevo prima, rispetto alla storia, al passato, ho sempre avuto un atteggiamento di indifferenza. Più che una realtà che mi circonda — come la presenza romana o medievale — mi interessa un'idea di stimolo distaccato.

G.D.P.: *Mi pare di poter cogliere nel tuo lavoro un sottofondo ambientale, forse come eco del tuo precedente lavoro che tendeva a farsi ambiente, ad appartenere allo spazio.*

M.P.: Sono molto attento a tenere lo studio sempre bianco, non amo vedere macchie sul muro, perché tutto concorre a far parte del lavoro che si fa, ma il lavoro deve avere una sua lucidità, una sua autonomia al di là delle cose, e quindi è come se dovesse vivere uno spazio astratto. Allora, il rapporto con l'architettura c'è solo in questo senso, ma non in quello più antico dell'opera che deve avere a che fare con uno spazio architettonico come installazione. Questo vale anche per le sculture che vedi in giardino, ma che amerei avere dentro, in uno spazio non atmosferico, senza combattimenti con luci, pioggia, sole. Ciò ti fa capire che il rapporto che il mio lavoro ha con l'esterno non mi interessa, perché deve avere rapporto con se stesso e con quello che contiene.

G.D.P.: *Ma la mia domanda tendeva a capire se c'era una possibilità costruttiva all'interno del tuo lavoro...*

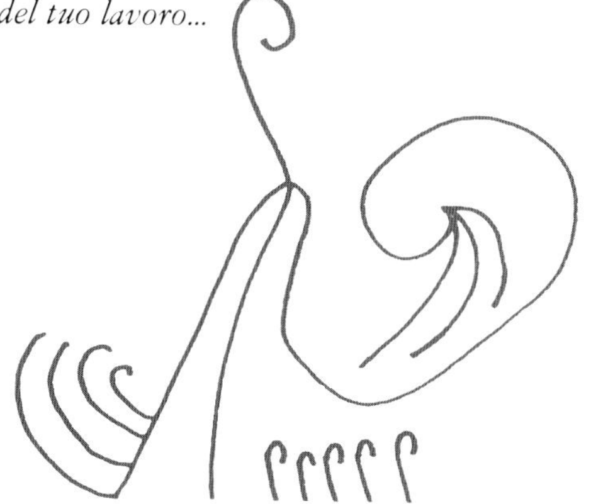

M.P.: Certo, lo stesso ambiente, un dipinto su muro come l'affresco, una finestra, l'altra parete, sono elementi che concorrono a dare una certa unità, per cui non si tratta di rapporto architettonico, ma di unità.

H.K.: *Forse la domanda cercava di capire il passaggio da quadri figurativamente più carichi e narrativi a quelli odierni che si presentano più astratti, essenziali, geometrici.*

M.P.: Non è un discorso che regge, perché c'erano già allora delle geometrie che precedono i lavori odierni, come ad esempio quelli dipinti su muro. E questo sottolinea il fatto che il lavoro progredisce per spostamenti opposti, senza, però, che intimamente vi siano grosse opposizioni, solo la necessità di creare una tensione che fa parte dello stesso gioco. Per cui se si parla di maggiore o minore qualità ti dico che non è possibile farlo, perché il desiderio che muove il lavoro non è quello della qualità, non la ricerca di qualcosa che ti possa migliorare, anche se tutto il lavoro migliora comunque.

Contenuto e contesto

Non credo che un pittore lavori
in un certo modo perché americano o europeo.
Fondamentalmente un artista di qualità
è uguale in tutto il mondo.

G.P.: *Cos'è allora la qualità di un lavoro, come la senti nel tuo lavoro e in quello degli altri?*

M.P.: Intanto come originalità espressiva che contenga un'identità, anche se può somigliare ad altre cose, identità che si può misurare solo sentendola, intendendola.

G.P.: *Ma questo non dipende dalla maggiore o minore conoscenza della storia dell'arte?*

M.P.: No, assolutamente.

G.P.: *Non pensi che ci sia una differenza di cultura notevole tra un americano ed un europeo?*

M.P.: Sì, come ho detto esiste una formazione culturale, poetica, diversa per delle stratificazioni che ti sono arrivate nel tempo, ma siamo tutti sulla stessa strada, la molla che spinge noi artisti a fare un lavoro d'arte è la stessa.

G.P.: *Qual è questa molla?*

M.P.: Se lo sapessi non farei più l'artista.

G.P.: *Hai mai pensato se c'è una relazione tra il tuo lavoro d'arte e la sessualità?*

M.P.: È probabile, credo di sì, ma non me lo sono mai chiesto.

G.P.: *Ma nel guardare gli altri il concetto di qualità la relativizzi al tuo lavoro?*

M.P.: Penso che per "guardare gli altri" tu intenda i miei contemporanei, che sono quelli che mi stimolano di più, perché per il passato si può avere un moto d'affezione, mentre con i contemporanei c'è battaglia nel senso del privilegio di confrontarsi. Allora, quando guardo un contemporaneo cerco qualcosa che può essere anche una sua superiorità. Ciò serve a caricarmi e a farmi tornare in studio non con l'intento di far meglio, ma di rafforzare ancora di più il credo nel mio lavoro.

G.P.: *Ma non può essere che tu guardi gli artisti che ti sono simili?*

M.P.: Stavo per aggiungere proprio questo, che molto spesso la carica ti arriva da artisti totalmente dissimili.

G.P.: *L'ultima volta che ci siamo visti mi dicesti che eri rimasto incuriosito dal lavoro di Jeff Koons.*

M.P.: Sì, perché anche se il suo lavoro è un altro mondo riconosco che ha una strana carica che mi incuriosisce, mi insospettisce che in un'altra parte del mondo ci sia una presenza, qualcuno che percorra la mia stessa strada

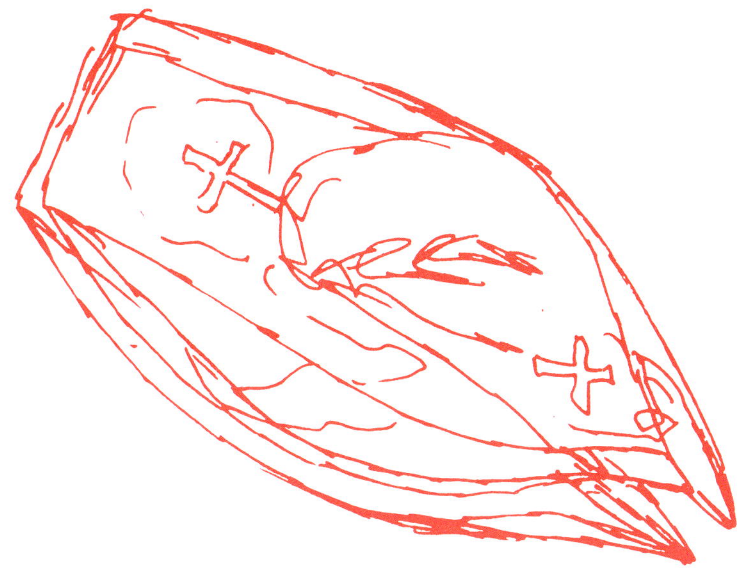

con lo stesso desiderio, mentre ci sono dei noiosissimi artisti che sono vicini al mio lavoro, ma molto distanti dalle mie motivazioni.

G.P.: *Tu sei un uomo del Sud; cosa ha significato questo nella tua vita, nel tuo lavoro?*

M.P.: Niente, probabilmente solo un comportamento diverso verso l'esterno, però mi sento molto internazionale nel senso che non amo pensare, in arte, ad americani, tedeschi, africani, in quanto un artista è tale al di là di dove vive e proviene, anche se l'essere nato in un certo luogo, con una certa cultura e certe tradizioni poetiche, serve a vivere nel mondo in un certo modo. Per cui se vivessi in America non mi comporterei come gli americani.

G.D.P.: *Quindi non pensi che certe simbologie, certi segni presenti nel tuo lavoro abbiano a che vedere con il luogo in cui sei nato e vivi?*

M.P.: C'è un certo amore per il magico, che è come il modo di parlare che non si può contraffare e quindi questo amore per certe cose misteriose

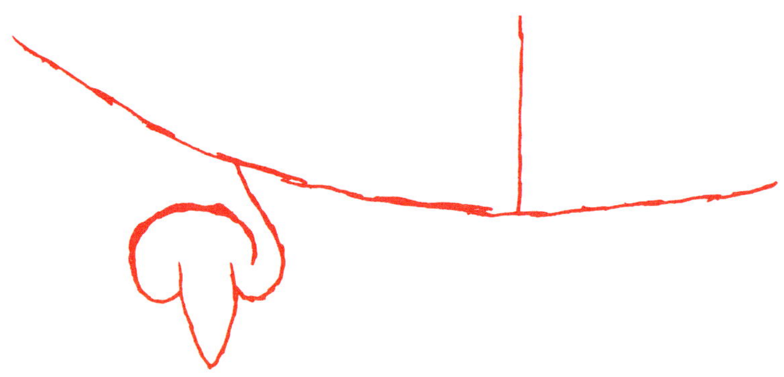

deriva sicuramente da un'area culturale, però bisogna dire che intorno a tutto questo si è fatta molta letteratura, per cui non amo assolutamente che si sottolinei questo aspetto più di tanto. Infatti non credo che, ad esempio, un pittore americano lavori in un certo modo perché è americano. Certo, formalmente ha degli atteggiamenti diversi da un europeo, ma questo è superficie, di fondo un artista di qualità è uguale in tutto il mondo.

G.P.: *Tu pensi che Frank Stella potrebbe essere di Benevento?*

M.P.: No, però Frank Stella come costruzione biologica, di sensibilità umana è uguale a me, o a un tedesco. Poi lui si esprime in un certo modo, perché il suo problema culturale, visivo, di informazione è diverso dal mio, quindi è probabile che proponga un problema diverso dal mio, ma la sua costruzione è quella.

IL SUCCESSO COME GIUDIZIO

IL SUCCESSO È IL TUO RAPPORTO VERSO L'ESTERNO
E QUINDI TI SERVE E, TUTTO SOMMATO, TI MIGLIORA.

G.P.: *Cosa ha significato il successo per te, in che modo credi che ti abbia influenzato?*

M.P.: Probabilmente mi ha dato una certezza maggiore nel continuare a fare quello che faccio, anche se l'incertezza del lavoro è quotidiana. Poi il successo viene dimenticato, perché non è la molla che ti spinge a fare queste cose, solo ti condiziona per altre.

G.P.: *Io sono, forse, un lettore un po' distratto, come penso lo siano tutti coloro che guardano i quadri dall'esterno, e penso che soltanto l'artista riesca a leggere la propria e l'altrui opera, ma ho, comunque, la sensazione che il successo ti abbia fatto migliorare.*

M.P.: Anch'io credo questo; se prima aspettavo di finire i quadri, oggi aspetto la mostra per guardare fuori e vedere cosa succede, cosa dice la gente. Tuttavia, ciò è uno stimolo a non crederci ciecamente, ma almeno serve a farmi dire: ma allora è una strada che mi interessa. In questo senso il successo è il tuo rapporto verso l'esterno e quindi ti serve e, tutto sommato, ti migliora. Credo che il rapporto con l'esterno sia veramente importante, perché non credo che si possa accettare o credere all'artista isolato, che lavora solo per sé, pensarlo è una grossa stupidaggine. Probabilmente anche in passato l'artista dipingeva per far vedere il proprio lavoro agli altri, affiché gli altri lo giudicassero. Quindi, per me, fare una mostra è una prova verso l'esterno che comunque mi piace sostenere, perché questo significa che una collettività decreta che il mio lavoro ha una validità verso l'esterno.

G.D.P.: *Ciò vuol dire che tu pensi che il giudizio del pubblico dell'arte sia più importante di quello della critica?*

M.P.: Dico che è più importante il giudizio anonimo, per cui se sul "Times" viene pubblicato un articolo che parla male di me, ma ci sono cento studenti che mi scrivono lettere di consenso, probabilmente questo mi compensa dall'articolo.

G.D.P.: *Questo vuol dire che provi simpatia per certi comportamenti di consenso, che è pratica comune nel mondo dello spettacolo, dello sport, dei* *mass media in generale, dove la qualità e il successo si misurano anche in termini di fan che sostengono i loro beniamini?*

M.P.: Sì, però è anche un po' un alibi.

G.D.P.: *Certo, ma questa domanda intendeva portare il discorso verso la riflessione dell'attribuzione di valore. Cioè, tentare di capire se c'è uno spostamento rispetto al passato nei riguardi di chi detiene il "potere" di dare valore all'arte. Ora, a me pare che questo slittamento sia una caratteristica di quest'ultimo decennio, spostamento che concede sempre più potere decisionale al pubblico dell'arte e meno al critico.*

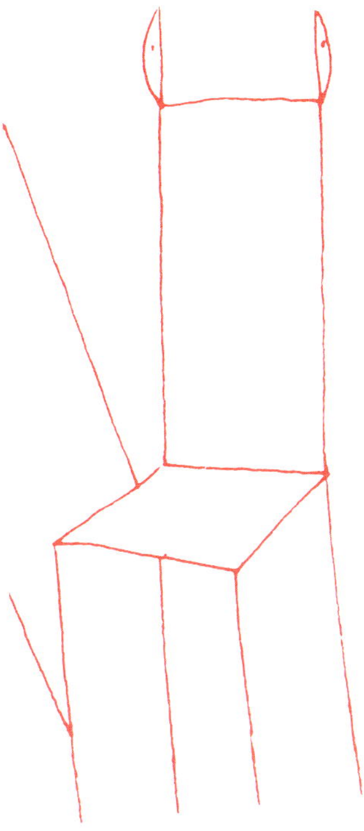

M.P.: Sì, credo che oggi ci sia una maggiore popolarità del lavoro d'arte e a molti livelli, perché il lavoro d'arte può essere ancora una volta letto a tutti i livelli, offerto a molti livelli. Chiaramente, spesso il modo in cui si offre è poco interessante, però diciamo che c'è un grosso interesse da parte dei giovani artisti e non, che vogliono avvicinarsi al lavoro in modo più diretto.

G.D.P.: *Ma questi consensi che tu raccogli ti fanno sentire un po' un maestro, un caposcuola?*

M.P.: No, anzi direi che cerco sempre d'essere fuori da questa mentalità, e non dico un luogo comune, perché io stesso continuo ad imparare. Comunque è una continua prova con l'esterno che decreta che il tuo lavoro inizia in un un certo modo ad avere a che fare con la storia.

G.P.: *Immagino che come tutti gli esseri umani anche tu sarai geloso: cosa ti ingelosisce di più (ride) pensando ai tuoi colleghi: il successo o la qualità del lavoro?*

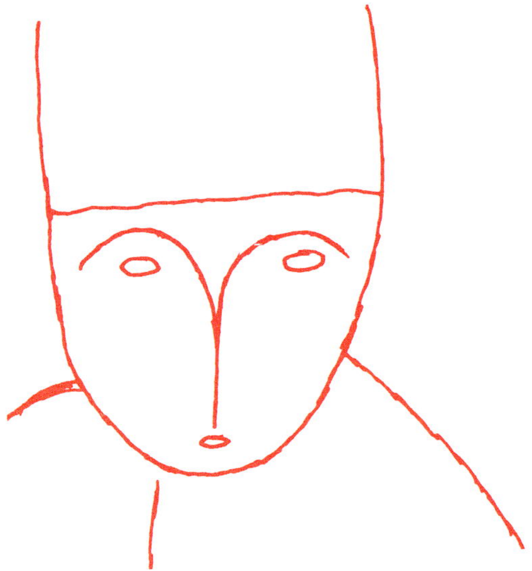

M.P.: Mah, il primo motivo di gelosia ti arriva dalla copertina di una rivista, però poi passa un giorno e ti basta per capire che in fondo non è successa una gran cosa. Spesso è la qualità che invece di ingelosirti ti stimola a voler mettere una bandiera dove l'altro l'ha messa perché ti eri distratto un attimo. Infatti questa non è gelosia, ma gelosia mista ad invidia, stima e voglia di fare una cosa altrettanto bella.

G.P.: *Comunque il successo degli altri ti stimola?*

M.P.: Il successo pubblicitario non tantissimo, ma la stima goduta da qualcuno da parte di un certo numero di persone che io stesso stimo mi può stimolare.

STRATEGIA

DIFENDERE IL LAVORO VUOL DIRE NON AVERE
DEI MERCANTI POCO ATTENTI,
FARE LE MOSTRE NEI POSTI GIUSTI,
VIVERE IN UNA SITUAZIONE RICCA DI INCONTRI.

G.P.: *Pensi che la strategia oggi sia importante, cioè il modo di comportarsi, scegliere il mercante giusto, la mostra giusta?*

M.P.: Certo, l'artista non può essere così stupido da andare a scegliere mercanti poco interessanti, intanto perché con il mercante si stabilisce sempre un'intesa intellettuale. Infatti, a volte il mercante arriva nello studio, guarda il tuo lavoro e ha un ottimo naso per capire dove stai andando, e questo serve molto all'artista. Difatti ho dei bellissimi rapporti con alcuni miei mercanti, rapporti molto intensi e che tante volte mi sono utili per capire dove io non capisco. Per questo ho sempre creduto più al mercante che non al critico.

G.P.: *Infatti, negli ultimi dieci anni, anche se purtroppo le cose stanno cambiando, il mercante è quello che ha avuto l'occhio più attento.*

M.P.: Mi chiedevi della strategia, ecco, se questa è strategia... ma non credo che lo sia, perché in realtà è solo il non essere troppo ingenui e il non andare ad incontrare delle persone non giuste. Eppoi, la strategia di che cosa, di avere degli incontri per andare a fare delle cene? No, questo non mi piace.

G.P.: *No, ma anche questa è strategia* (ride).

M.P.: Non lo so se è una strategia *(risate)*. Io credo di avere forse arroganza nel rinunciare a delle cose, di non voler andare, di non voler fare, ma lo faccio semplicemente perché non mi piace, non perché dietro c'è un progetto.

G.P.: *Io penso che comunque la strategia sia una componente dell'intelligenza umana, intendendo per strategia il comportamento, senza quel senso demoniaco che normalmente le viene attribuito.*

M.P.: Certo, un comportamento che torna utile al lavoro, che lo difende. Difendere il lavoro vuol dire avere dei mercanti attenti, fare le mostre nei posti giusti; però esiste una strategia che è quella di vivere in una situazione ricca di incontri, di avere un certo scritto invece che un altro, di essere sempre sui giornali: non è forse strategia questa?

G.P.: *Certo, ma potrebbe diventare nevrosi.*

M.P.: Mah, non lo so. Nevrosi, comportamento, certamente qualcosa va un po' al di là di quello che è il tuo problema essenziale e questo non lo faccio, perché non mi piace, non mi diverte.

G.P.: *Comunque, si sta diffondendo un atteggiamento molto reverenziale verso il successo. Oggi tutti sanno che il massimo del successo coincide anche con l'inizio della flessione. La questione del successo è diventata più problematica e sofisticata di quella dell'insuccesso.*

M.P.: Se è così spero di avere dei grossi insuccessi *(risate)*.

G.P.: *Comunque di controllare il successo.*

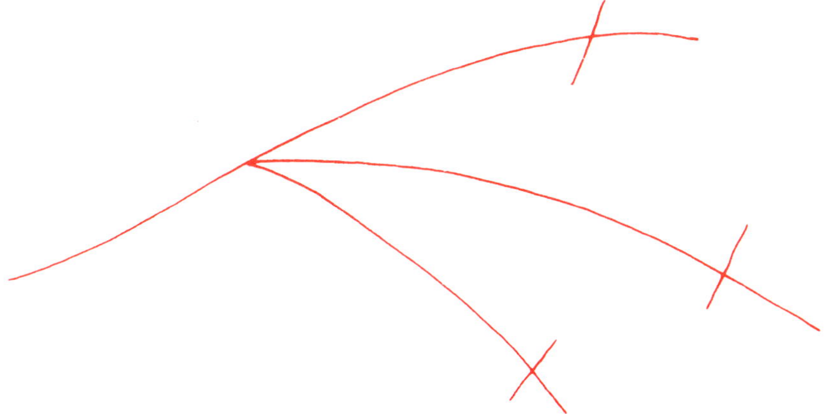

G.D.P.: *All'interno di questo discorso come si inserisce, ad esempio, il lavoro dei segni zodiacali che hai disegnato per "Sette", il settimanale del "Corriere della Sera"?*

M.P.: È una sorta di coincidenza e di circostanza. Li ho fatti in due ore, dopo una telefonata, mi piacque l'idea e l'ho accettata in quanto tale.

G.D.P.: *L'hai fatto anche perché avvertivi la possibilità di mostrare il tuo lavoro ad un pubblico più vasto?*

M.P.: No, assolutamente. Ho solo preso al volo un'opportunità. Solo che prima di dire di sì ho fatto i dodici segni, sono venuti molto bene e allora ho deciso che avrei accettato.

EUROPA AMERICA

CON NEW YORK HO AVUTO UN FORTE IMPATTO,
UN SENTIMENTO DI ENERGIA CHE CONSERVO ANCORA.

H.K.: *Quando hai fatto il tuo primo viaggio in America?*

M.P.: Sono stato solo a New York. La prima volta ho incontrato un mercante che avevo conosciuto in Italia. Poi ho girato per un mese la città. Mi ha dato un forte impatto, un sentimento di energia che conservo ancora, che ti fa sentire di essere nel mondo. Il mercante con cui mi incontrai mi mostrò delle opere di David Salle e mi disse che insieme a Schnabel erano i giovani più interessanti. Comunque Salle allora esponeva quadri senza oggetti.

H.K.: *Che impressione ti fece l'arte americana?*

M.P.: Ripeto, tranne Julian Schnabel e David Salle, che poi incontrai a Milano, non mi pareva ci fosse qualcosa di interessante.

H.K.: *Ti sembrava più interessante quello che avveniva in Europa?*

M.P.: In Italia, perché in Europa non è che ci fosse gran che. Il primo lavoro di Kiefer l'ho visto in una galleria di Rotterdam, in cui successivamente ho esposto anch'io, dove aveva esposto il quadro che poi mandò alla Biennale, che rappresentava un grosso interno prospettico scenografico e che mi incuriosì moltissimo. In quel periodo mi incuriosì tutta una serie di artisti svizzeri che ruotavano intorno alla galleria Stäeli, e questo molto prima del 1980, ma è da tanto che non sento più parlare di loro.

G.P.: *Credo che in Svizzera abbiano un loro circuito.*

M.P.: Sì, però in quel lavoro c'erano dei germi che poi sono stati realizzati in maniera più evidente da altri artisti.

G.D.P.: *In questa prima mostra a New York che lavori avevi presentato?*

M.P.: Dei lavori quasi monocromi, uno giallo, uno bianco. Era una mostra in contemporanea con Marian Goodman.

G.D.P.: *E come vennero accolti?*

M.P.: Bene; a parte il fatto che furono venduti tutti, ci fu un articolo molto positivo sul "Village Voice".

G.P.: *Come viene letto il tuo lavoro in Europa e in America, c'è un diverso modo di valutarlo?*

M.P.: In America c'è una lettura più approfondita, un'attenzione maggiore, dovuta, probabilmente, al fatto che il mio lavoro è stato esposto in un momento in cui il clamore intorno al lavoro degli italiani si era un po' assopito. Una delle ultime mostre che ho fatto in America ha avuto un buon consenso critico, ma non so se esistano due scuole critiche, forse sì.

G.D.P.: *A riguardo della lettura critica, l'ultima volta che ci siamo visti a Milano hai parlato del desiderio di un rapporto con gli scrittori, i filosofi... Cosa vuol dire, che senti la necessità di ricucire un'intesa con le altre discipline espressive, che chiedi una nuova attitudine all'incontro?*

M.P.: No, non sento l'esigenza di un rapporto, solo auspicavo la necessità di una lettura del mio lavoro fatta da gente che non facesse il critico d'arte, perché credo che ci sia bisogno di una critica d'arte che non faccia letteratura intorno all'opera e di scrittori che facciano una lettura autonoma del mio lavoro. Non mi interessa però assolutamente un'analisi letteraria, soprattutto perché nessuno ha mai fatto una lettura del mio lavoro strettamente inerente all'opera.

G.P.: *Sì, perché recentemente mi hai parlato di spostamenti impercettibili dell'opera.*

M.P.: Di spostamenti anche grandi, ma impercettibili come impatto ed in continua crescita.

G.P.: *Con ciò vuoi forse dire che le opere di oggi hanno più qualità di quelle di cinque anni fa?*

M.P.: No, perché il mio desiderio non è la ricerca della qualità fine a se stessa, ma la ricerca di qualcosa che comunque stimoli prima me a continuare, perché tutti i lavori servono a costruire qualcosa che probabilmente non si raggiungerà mai. Comunque, oggi i miei lavori hanno una maggiore attenzione nel soffermarsi sull'oggetto che sto costruendo. Questo non per un'esigenza di far meglio, ma per capire meglio la presenza di questo oggetto nel mondo, e credo che questo sia comunque salutare, anche se è un atteggiamento più sofferto.

La politica e il sociale dell'arte

Nel passato il potere politico aveva più immaginazione culturale di oggi.

G.P.: *Mi accorgo che, nelle tante discussioni tra noi, non abbiamo mai parlato di politica. Tu non sei un animale politico, come vivi il tuo rapporto con la società?*

M.P.: Non credo di poter combattere con le armi dell'arte, per cui se decidi di avere un atteggiamento di insofferenza verso l'esterno lo puoi vivere in prima persona con armi diverse. Allora in questo caso puoi prendere una decisione, ma oggi il nemico è invisibile e fa sì che la tua insofferenza non si spinga né verso l'accettazione, né verso una posizione d'urto, semplicemente ti rinchiudi in te stesso senza avere nessun colloquio.

G.D.P.: *Ma non pensi che il lavoro dell'arte possa avere un'incidenza sociale nel momento in cui campi espressivi più a contatto con il pubblico, come il cinema, la televisione, il design, la moda, la pubblicità, si appropriano delle conquiste linguistiche dell'arte e ne modificano di conseguenza il comportamento?*

M.P.: No, perché qualunque cosa può essere fagocitata, lo stesso linguaggio artistico portato nella televisione può essere modificato, usato a loro piacimento. Quindi non credo a trasmissioni sull'arte, a pubblicità sull'arte. Credo che l'arte comunque vada inseguita, in maniera misteriosa, difficoltosa, perché l'arte deve essere un problema che si deve affrontare in sedi e modi diversi. Non trovo interessante portare l'arte a livello popolaresco, anzi trovo questo un modo per non capire.

G.D.P.: *Forse non sono stato chiaro, perché la mia domanda non poneva l'attenzione sulla divulgazione dell'arte e quindi non vuole insistere sulle trasmissioni sull'arte o sulla pubblicità sull'arte, ma sull'appropriazione linguistica, operata dai vari media, delle conquiste linguistiche dell'arte, che vuol dire che ad esempio il grande cinema di Pasolini deve molto, sul piano delle conquiste formali, al lavoro di Caravaggio, di Piero della Francesca, di Masaccio e Rosso Fiorentino... Oppure pensiamo al designer Marcel Breuer che, come dice Argan, ha disegnato la sua sedia metallica in tubolare dopo aver visto le opere Klee che rappresentavano uomini filiformi, ridotti alla loro struttura essenziale. Ecco, questi sono solo due casi ma ne potrei citare migliaia in cui l'arte rinnova dei settori a maggior contatto con la*

società, che pertanto assimilano le conquiste estetiche dell'arte, che gene-
ralmente circola in settori ristretti, e in qualche modo le fa proprie anche
come modo di vedere e agire diverso nel quotidiano.

M.P.: Ma questo lo leggi tu che hai dei riferimenti, ma Pasolini, tutto sommato, offriva un film in cui la gente leggeva tutt'altro. Probabilmente la gente leggeva una qualità visiva di livello superiore, ma non le informazioni culturali che comporta, in quanto la maggior parte del pubblico non le ha. Infatti in certi programmi televisivi c'è un'intelligenza di questo genere

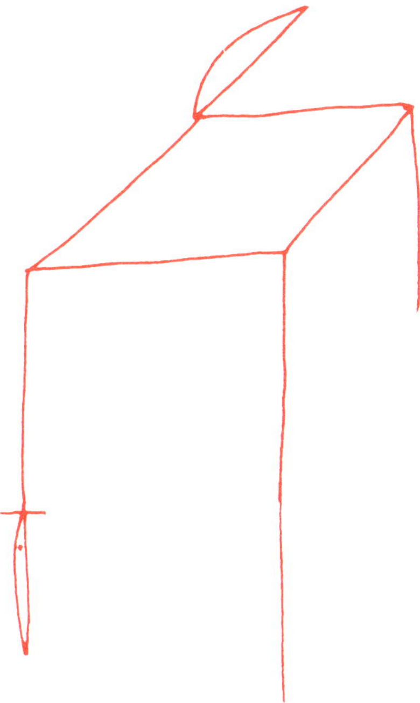

che porta la pubblicità ad un livello di qualità superiore. E certamente questo è semplicemente un alzare il livello del gusto, ed infatti oggi la gente ha più gusto rispetto al passato, però non vuol dire che oggi la gente sia più artista, semplicemente è un problema di civiltà estetica. Però credo che sia solo un fatto formale, ma non credo che abbia delle implicazioni più profonde, e questo forse è dovuto anche al fatto che non ci sono musei, gallerie, non c'è una vera informazione sull'arte e l'unica informazione che circola in Italia è scandalistica, e questo è deprimente.

G.D.P.: *Certamente non volevo dire che questo spostamento fa diventare la gente artista, me ne guardo bene, solo che partecipa per vie indirette alla lingua dell'arte.*

M.P.: Sì, un intrufolarsi, buttare i germi, ma è un lavoro che non mi interessa. Certo il cinema ha più possibilità della pittura, che ha sostituito la funzione dell'affresco nella chiesa dove il popolo andava a guardare l'arte. C'è poi da aggiungere che il politico di allora aveva più qualità del politico di oggi, perché a quei tempi il papa chiamava Michelangelo. Oggi il politico che ha questo potere culturale chiama sempre degli artisti mediocri e questo dice di come si è abbassato il livello. Prima il potere politico aveva più immaginazione culturale di oggi. Adesso è fine a se stesso e basta guardare le facce dei politici per rendersene conto.

G.P.: *Hai detto di non aver interesse nella politica, ma non hai interesse nemmeno nella vita quotidiana, nel sociale, in quello che ti circonda?*

M.P.: Sì, come persona, come uomo ho le mie reazioni, ma in quel momento mi dimentico di fare l'artista. Non penso, almeno per quanto riguarda il mio lavoro, che le due cose possano viaggiare insieme, perché, tutto sommato, il mio è un lavoro proiettato verso l'interno, verso il sotterraneo, e quindi non può avere un minimo appiglio verso niente.

H.K.: *Per te la pittura è un mondo completamente autonomo?*

M.P.: Sì, certo, per mia incapacità probabilmente.

G.P.: *Dopo questo discorso l'arte a cosa serve?*

M.P.: Tutto sommato l'arte non ha niente a che vedere con ciò che fa muovere il primo passo.

G.P.: *Pensi che un artista debba essere legato al proprio tempo?*

M.P.: Sì, credo che sia inevitabile come condizione storica, come consapevolezza che contribuisce a questa lunghissima catena che si sviluppa dalla preistoria ad oggi. Poi l'arte diventa atemporale, e perché questo accada è un mistero, e in questo caso l'arte non si lega più alla storia ed è per questo che è possibile stupirsi di fronte a Caravaggio.

G.P.: *Prima hai detto una cosa molto interessante, che pochi tuoi colleghi sono disposti ad ammettere, e cioè che tu sei più sensibile di fronte ad un* *lavoro di un tuo contemporaneo che non a quello di un artista del passato.*

M.P.: Certo, l'artista mio contemporaneo mi stimola di più, perché è una presenza vitale che sta da un'altra parte del mondo, che sta facendo accadere le stesse cose. Sì, il passato ti può abbagliare, stupire, magari ci puoi scoprire un particolare momento, ma non ti stimola a fare una certa forma.

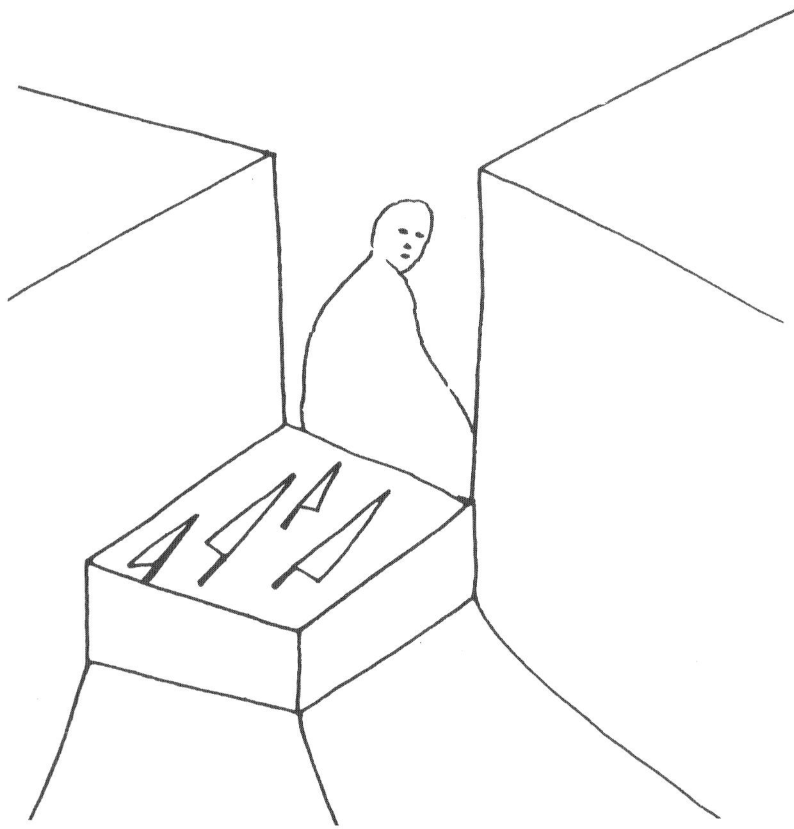

H.K.: *Ti senti più vicino a Beuys o a Kiefer in questo momento?*

M.P.: A Kiefer proprio per niente! Beuys lo sento più vicino, perché più intrigante, misterioso, pieno di sorprese e tutto sommato meno dichiarato.

H.K.: *Quando hai conosciuto il lavoro di Beuys, e come?*

M.P.: Ho visto il suo lavoro da Lucio Amelio e devo dire che mi piacquero molto i suoi disegni.

G.D.P.: *Forse si potrebbe considerare più Warhol in questo discorso, anche se in senso oppositivo.*

M.P.: Sento Warhol come una presenza marziana su questa terra, e non può essere che così perché estraneo a troppe cose per essere un artista; ma al contempo è molto artista per avere fatto certe cose, anche se non amo moltissimo il suo lavoro. Amo la sua presenza in arte, credo che sia indispensabile.

G.D.P.: *Allora chi è l'artista a cui ti senti più vicino, e perché?*

M.P.: Ce ne sono tanti e pochi, e forse solo un nome, anche perché non esiste un modello di comportamento, di similitudine.

G.P.: *Con artisti italiani del passato recente che rapporto hai avuto ed hai, ad esempio con Burri?*

M.P.: Con Burri più di altri probabilmente. Oggi, inquadrandolo storicamente, devo dire che mi interessano più certe opere americane che le sue, tutta la sua esplosione è stata come impedita da qualcosa che non è mai avvenuto. Poi, però, lo amo molto, perché è un pittore a cui sono affezionato, che ho sempre amato, di cui mi piace l'atteggiamento di starsene isolato, di provocare un silenzio.

G.D.P.: *Pensi di aver chiuso completamente con la tua esperienza precedente alla pittura, o credi che comunque si sia riciclata nel tuo lavoro attuale?*

M.P.: Mah, io ho fatto un lavoro estremamente ricco, con un mondo che comunque provoca un mistero ed esistono momenti che si sviluppano e si inviluppano (*ride*) e tutto fa parte di questo calderone all'interno del quale ci si trova o non ci si ritrova. Per cui se posso usare una lettera la adopero senza farmi nessun problema. Comunque, credo di essere all'interno di una linea di lavoro di lucidità e razionalità, anche se il lavoro provoca incertezza, anche se viene realizzato con un'avidità istintiva. Sicuramente non sono d'accordo con gli artisti tedeschi cosiddetti neoespressionisti perché non mi interessa la base del loro lavoro. Sono più d'accordo con gli artisti americani ed italiani, sia perché hanno più humor sia perché sono più lucidi.

Il metodo

Il mestiere non esiste, è quello che ti improvvisi,
perché ogni giorno è una cosa nuova
di cui non hai esperienza.

G.P.: *Hai spesso crisi, ripensamenti, preoccupazioni, oppure lavori sempre in maniera felice, come sembra?*

M.P.: No, assolutamente, anzi è vero il contrario, vi è una sofferenza dovuta ad una incapacità costante del dover affrontare qualcosa da portare a termine. Non è una cosa piacevole, ed il piacere di fare è un piacere perverso (*ride*), perché nasce da una strana sofferenza. Infatti, invidio artisti come Mirò che sembra essere stato felice di aver fatto quello che ha fatto.

G.D.P.: *Lavori ad un'opera per volta o a più contemporaneamente?*

M.P.: Mi piace essere circondato da tanti pezzi a cui lavorare contemporaneamente. Due mesi fa in studio non avevo niente, poi ho iniziato e pian piano tendo a farmi circondare dai lavori.

G.D.P.: *Mentre ti fai assediare dal lavoro sposti l'attenzione su diversi materiali?*

M.P.: Sì, questo è importante, perché stranamente una cosa può stimolare un'altra ed è sempre come una sorpresa, non sai cosa può succedere. Poi ci sono delle cose che nascono in un modo molto preciso, molto progettuale, definite, e se la cosa riesce rimangono come sono, altrimenti vengono gettate via.

G.D.P.: *Questo tuo modo di lavorare è forse dovuto al fatto che cerchi di costruire una nicchia ambientale per e con il tuo lavoro?*

M.P.: Sì, diciamo che tento di circondarmi in modo da non avere nessuna via di scampo... quindi devi per forza dirigerti sulle cose che ti circondano prima che siano ultimate. Poi, non so, dico che un'opera è finita rispetto ad un'altra perché non vedo possibilità di poter aggiungere altro, ma spesso finisco i lavori mentre stanno uscendo dalla porta. Non c'è un metodo e questo è il piacere di non dover ogni volta ripetere la stessa liturgia.

G.P.: *Sei legato alle tue opere? Ami possederle?*

M.P.: No, non credo di esserlo tanto da diventare feticista, se rivedo un mio lavoro dopo qualche anno mi fa piacere vedere se ha resistito al tempo.

H.K.: *L'esecuzione delle opere è veloce o lenta?*

M.P.: Dipende da quello strano momento, dall'intuizione, dall'energia del momento. Infatti i lavori pieni di figure hanno questa densità, perché sono stati progettati come momenti di grande lentezza costruttiva. In quel caso decidevo di procedere molto lentamente e alla fine veniva fuori un lavoro che aveva immagini e segni figure come una trascrizione di cose che mi arrivavano continuamente e che andavo a dipingere. Questo era il senso

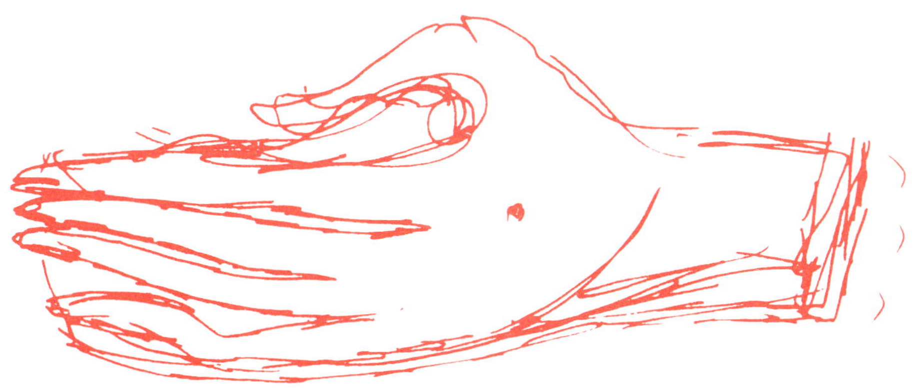

non tanto del lavoro finito, ma del processo. Era quasi paragonabile al bianco su bianco di Ryman (*ride*): come atteggiamento emotivo, perché certe affezioni ritornano. È come quando andavo a scuola, dove c'era un mio compagno che era molto bravo nel disegnare figure ed oggetti nella loro precisione realistica, lui mostrava una sua attitudine.

G.D.P.: *Spesso il saper dipingere, il virtuosismo può diventare un handicap creativo.*

M.P.: Sì, diciamo che la mia bravura è poter manipolare delle cose, cercando di ricavarne altre cose, manipolare nel senso new dada americano di Rauschenberg. La bravura di pittore o disegnatore sta nel saper usare la capacità di lettura del mondo in maniera molto oggettiva, nel poter trasporre delle cose in maniera molto precisa.

G.D.P.: *Quindi questo dichiarare ascendenze americane rifiuta l'idea postmoderna del* genius loci?

M.P.: Non ho mai accettato quest'idea.

G.P.: *Riesci a lavorare contemporaneamente a quadri e disegni o sono due momenti distinti?*

M.P.: No, il disegno ha la necessità di avere circostanze favorevoli. Ho provato a volte a disegnare in viaggio ma non ci sono riuscito, anche qui a casa ho girato molto a lungo prima di trovare l'angolo giusto per disegnare. In fondo di angoli ce ne sono tanti, ma il vero angolo, il tavolo giusto, è difficile da trovare. È come il gatto che gira, finché non trova il suo angolo per accucciarsi... e lì puoi produrre una quantità di materiale segnico che a mio avviso non va oltre il piccolo formato. Non riesco a disegnare nemmeno quando sono impegnato in vaste battaglie pittoriche. Infatti la maggior parte dei disegni è stata prodotta soprattutto quando non possedevo uno spazio ampio per fare un lavoro grande. A Milano riesco a disegnare molto bene, forse perché chiudersi in un guscio dove tutto poi fuori è immobile mi permette di concentrarmi maggiormente. Tutto sommato qui a Paduli non c'è grande concentrazione, ci sono molte distrazioni, luci, cielo, natura, sole. In una città come Milano, invece, dove fuori tutto è mobile nella sua uniformità è come se tutto fosse immobile.

G.P.: *Ma per disegno cosa intendi?*

M.P.: Qualcosa che non vada oltre il piccolo foglio, che non implichi materiali eccessivi. Quindi il segno della matita, la concentrazione estrema, il foglio bianco, la tua presenza a partire da un punto per seguire linee come se ci fossero già.

G.P.: *Hai mai disegnato su fogli grandi?*

M.P.: Certo, ma credo che abbia lo stesso livello di necessità, di forza energetica, d'impegno di un quadro, di una scultura, solo che li riduci lasciando solo il segno. È un adoperare più o meno energia, energia

minima, estremamente ridotta, che ti permette di creare un mondo pieno
di cose, tutto concentrato. Comunque il disegno non è mai un progetto, né
schizzo, né appunto.

G.P.: *Ma quando lavori sei sempre soggetto a questi tic di doverti creare
uno spazio, di dover segnare con certi materiali?*

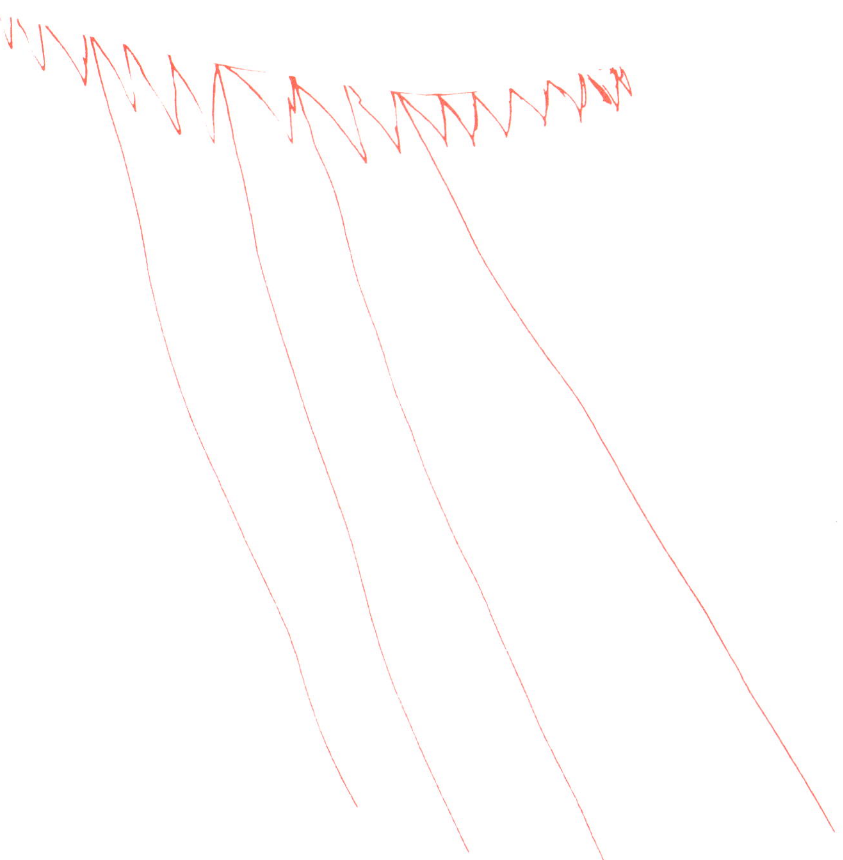

M.P.: Mah, la durezza o meno di una matita può influenzare il tuo lavoro.
Voglio dire che se tu usi una matita dura il disegno sarà incisivo, spigoloso,
mentre una matita morbida ti dà un risultato di grande labilità. Questo ti dà
il senso di come due punte di matita possano contenere un mondo
incredibile.

G.P.: *Quando dipingi ti poni il problema della qualità dei colori che usi?*

M.P.: Non mi interessa. Quando faccio un quadro non penso né alla qualità del colore, né alla possibilità di durata della materia: è veramente un fatto di energia.

G.P.: *Ma vedo che adoperi i Mussini, che sono colori molto sofisticati, perché?*

M.P.: Non sempre. Infatti, le cose migliori sono sempre state fatte con robaccia. Ricordo che a Milano un giorno aprii la porta che dava sul cortile e vidi delle vecchie travi. Fu un attimo, le portai dentro, costruii il supporto e diedi il colore: il quadro era finito. Fu una questione di due ore.

G.P.: *Come fai a decidere quando un quadro è finito?*

M.P.: Un po' è la sorte, oppure il fatto che ti poni un limite rispetto ad una scadenza che può essere una mostra. Poi ci sono dei quadri lentissimi, perché non riesci a vedere chiaro il problema, in quanto lo sottovaluti e lo vuoi dimenticare. Allora i quadri stanno lì e dormono, sperando che un giorno venga fuori la voglia di finirli. A me non piace affrontare direttamente il problema, ma aggirarlo e ogni tanto aggredirlo.

G.D.P.: *Il tuo lavoro risente del luogo dove viene prodotto?*

M.P.: Potrebbe risentire di facilità o di difficoltà. In realtà quando lavoro qui è molto più semplice che altrove, però altrove, dove c'è una difficoltà maggiore, il lavoro si modifica. Si modifica per materiale, per dimensione, per circostanze indipendenti dalla mia volontà.

G.P.: *Il mestiere ti aiuta molto?*

M.P.: Il mestiere non esiste, è quello che ti improvvisi, perché ogni giorno è una cosa nuova di cui non hai esperienza, puoi avere esperienze simili, ma non come quella. Allora, se mi chiedi di fare un disegno, è certo che ho un mestiere, ma se desidero ricercare qualcosa che abbia a che fare con una certa luce, una certa materia, in questo caso il mestiere non c'entra.

G.P.: *Non esiste un mestiere che ti permetta di raggiungere in qualunque momento lo desideri un risultato accettabile?*

M.P.: Sì, ma perché hai una precisa conoscenza e questo ti permette di fare un quadro che hai già fatto, ma non ti dà la tensione, la forza autonoma della prima volta.

La lettura dell'opera

IL PITTORE PONE L'ULTIMA PENNELLATA
QUANDO L'ULTIMO NASO È STATO DIPINTO,
QUESTO SUL PIANO FORMALE:
MA QUAND'È CHE PUOI DIRE
CHE UN LAVORO VIVE DI VITA PROPRIA?

G.P.: *La tua lettura di un'opera differisce molto da quella degli altri?*

M.P.: Mah, io non le leggo le mie opere, in realtà le faccio e cerco di capirle facendole, dopo di che mi è difficile leggerle, però posso leggerti il loro contesto storico, le circostanze. Anzi, a me interessa quello che tu dici sul mio lavoro, perché può stimolarmi.

G.P.: *Certo, ma l'interpretazione che danno gli altri del tuo lavoro?*

M.P.: L'interpretazione è peggio della lettura, è qualcosa di meno elaborato, mentre io cerco la profondità.

G.D.P.: *Io credo che l'opera non è finita nel momento in cui l'artista decide di non intervenire più sulla forma, perché il suo significato si modifica continuamente a seconda delle interpretazioni. Questo mi fa pensare che l'interpretazione svolga un ruolo importante nell'arte, che è il giudizio del pubblico dell'arte nell'affermare il valore dell'opera che da questo punto di vista si caratterizza come un eterno non finito.*

M.P.: Sai, a volte ho avuto esperienze di cose lette, interpretate, che io ho considerate non concluse, non finite e quindi ho dato ancora una volta una lettura diversa. Certo il lavoro d'arte non è mai finito, a meno che non sia un'opera che prevede un progetto di inizio e di fine. Allora il pittore pone l'ultima pennellata quando l'ultimo naso è stato dipinto, questo sul piano formale: ma quand'è che puoi dire che un lavoro vive di una vita propria?

G.D.P.: *Certo, formalmente l'opera è sempre finita, ma concettualmente credo mai ed è per questo che è importante il lettore.*

M.P.: Sì, ma oggi non so se Pollock, rivedendo i suoi *dripping*, potrebbe finirli o dire: sono finiti, perché hanno registrato quel momento e allora per lui era importante quell'energia. Oggi, guardando un suo lavoro, noi cogliamo forse la stessa energia, però non si sa se il lavoro era proprio finito, anche perché è un'arte che ha a che fare con delle materie molto più misteriose dell'arte del passato. L'arte del passato era veramente finita, in quanto era realmente conclusa l'immagine che c'era rappresentata. Adesso l'arte va sempre più verso un mondo magmatico, misterioso, incontrollabile.

G.D.P.: *Sì, ma qui rientriamo ancora una volta nell'ambito di una distinzione formale, perché anche l'arte del passato non è mai finita sul piano concettuale. Infatti noi oggi continuiamo ad interpretare* La Gioconda, *ad arricchirla con significati della contemporaneità, ed in questo caso, per riprendere una posizione di Eco, l'opera è veramente aperta.*

M.P.: È probabile che Eco abbia ragione quando dice che un'opera d'arte è come un qualunque altro oggetto della nostra esistenza, e quindi deve essere definibile in modo uguale. È interessante, invece, che l'opera d'arte contemporanea è sempre più aperta e meno definita dell'arte del passato,

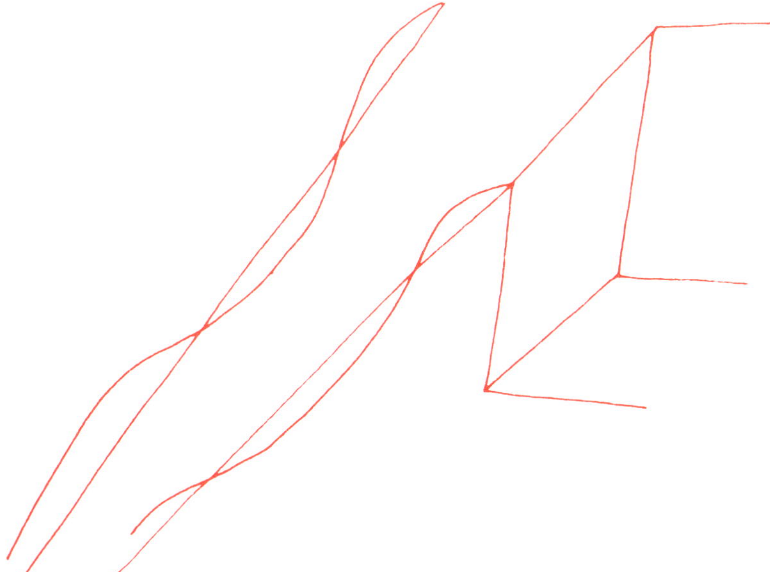

anche se mi piace affermare che anche un'opera d'arte dell'antichità può contenere un mistero che è sfuggito all'artista o al già codificato. Oggi possiamo leggere El Greco perché c'è stata una pittura contemporanea che nasce da lui o che perlomeno ci fa guardare i quadri di El Greco con occhi diversi. Ecco, noi guardiamo al Novecento perché c'è stata una pittura contemporanea che ha gettato luce verso quella zona della ricerca, però non è detto che questa venga riletta in termini moderni, è come andare a rileggere la pittura dei primitivi o dei bambini e dire: che moderni! Il che non è vero.

G.D.P.: *Sì, ma Caravaggio, ad esempio, è stato dimenticato per tre secoli e poi rivalutato, perché nel nostro secolo si è venuta a formare una cultura che aveva le capacità per leggere la sua opera e farla contemporanea.*

M.P.: Ma quello era un rifiuto totale del Seicento, un rifiuto dell'idea di un secolo nei confronti del Rinascimento.

G.D.P.: *Ma questo non sposta i termini del problema, perché ci dice che quando c'è un pubblico che attribuisce un senso a qualcosa, questo "qualcosa" acquista valore, un valore che però non è mai stabile, ma fluttuante, e che quindi aggiunge continui significati all'arte.*

M.P.: Sì, l'accettazione del Barocco è comunque un'idea moderna, forse dovuta al fatto che è la prima espressione d'arte moderna, intesa come idea di rivoluzione dell'arte.

G.P.: *Non pensi che l'arte abbia una validità solo nei momenti in cui si fa, mentre la lettura successiva è solo un referente culturale che ti permette di capirla?*

M.P.: Sì, l'arte serve prima a chi la fa e poi immediatamente alle persone più prossime e probabilmente solo la storia può decretare se quest'arte è servita in quel periodo e per i successivi; però serve sicuramente ad altri artisti nel periodo successivo, proprio come addentellato storico preciso, qualcosa in cui ci si riconosce.

G.P.: *Certo, ma spesso sono delle coincidenze, più che una cartina di tornasole per vedere se un artista è veramente valido.*

M.P.: No, non credo che ci sia questa cartina di tornasole per vedere se un artista è valido, se supera questo esame. L'artista può esaurire il suo ciclo di validità solo in un dato momento, ma questo non è sempre vero; ci sono delle cose che durano di più, vuoi per maggiore pubblicità che viene fatta intorno al lavoro, e questo accade anche per Michelangelo.

G.D.P.: *Sì, ma non puoi costruire la pubblicità su niente, lo dimostra il fatto che l'hanno fatta intorno a Michelangelo e non su un artista mediocre, perché se l'avessero fatta a quest'ultimo rimaneva comunque tale.*

M.P.: Sì, certo.

G.P.: *Sì, però il valore di nuovo è anche basato sulla stratificazione dei consensi, ed è in questo modo che io intendo la pubblicità.*

M.P.: All'epoca esisteva un consenso popolare che supportava sempre di più la fama di Michelangelo.

G.D.P.: *Certamente, ma la stratificazioone di consensi porta con sé dei valori.*

M.P.: Sì, nasce da un valore.

G.P.: *Beh, non tocchiamo questo discorso perché andiamo a finire non so dove, perché Guttuso, ad esempio, ha più consenso di te.*

G.D.P.: *D'accordo, ma quando parlo di consensi e di pubblico dell'arte, della "critica Doxa" quindi, io intendo un certo pubblico. Infatti il pubblico dell'arte non è un'entità generale, ma qualcosa di specifico e plurale nello stesso tempo; a me per valutare il suo lavoro (di Paladino, n.d.r.) interessa quel pubblico che si confronta con il suo lavoro e che appartiene a quell'idea dell'arte che segue il percorso intellettuale che va da Duchamp alla Transavanguardia. Il pubblico di Guttuso è altra cosa e serve per valutare Guttuso a chi si occupa o ha voglia di occuparsi di lui. Per esempio, nel caso della musica, a me interessano i Beatles che hanno un pubblico diverso da quello di Julio Iglesias, e io sento di appartenere culturalmente a quel pubblico, come a quello di Duchamp.*

M.P.: Ci sono degli artisti che accettano una divulgazione molto popolare del loro lavoro, vuoi perché il loro è un lavoro popolare, vuoi perché frequentano una popolarità diversa, mentre altri artisti desiderano un silenzio, in quanto è chiaro che il mio lavoro non può arrivare ad una popolarità di fatto, ma solo di nome. Guttuso e altri ci sono arrivati, perché l'hanno costruita. Warhol, in fondo, voleva la stessa cosa, ma era un intellettuale e il suo portare a livello popolare la sua opera era un concedersi in maniera passiva ad una società che lo odiava e che era odiata da lui. Allora, Warhol le concedeva qualunque cosa con qualche disprezzo. Non c'era amore nel suo gesto, mentre Guttuso faceva i ritratti alle signore.

G.D.P.: *Infatti Warhol usufruisce dello stesso target di pubblico di cui* *usufruisci tu, anche se in maniera ridotta, mentre Guttuso appartiene ad un altro tipo di pubblico.*

M.P.: Sì, però Warhol arriva anche nei negozi, sui poster, sulle magliette.

G.D.P.: *Certo, ma è diversa la qualità del pubblico, infatti Guttuso non va sulle magliette e sui poster come una rockstar, perché si rivolge ad un pubblico perbenista e piccolo borghese, con tutti i valori che questo comporta: non credi?*

G.P.: *Infatti c'è da dire che Warhol ha elevato il pubblico, mentre Guttuso si è messo a livello del pubblico.*

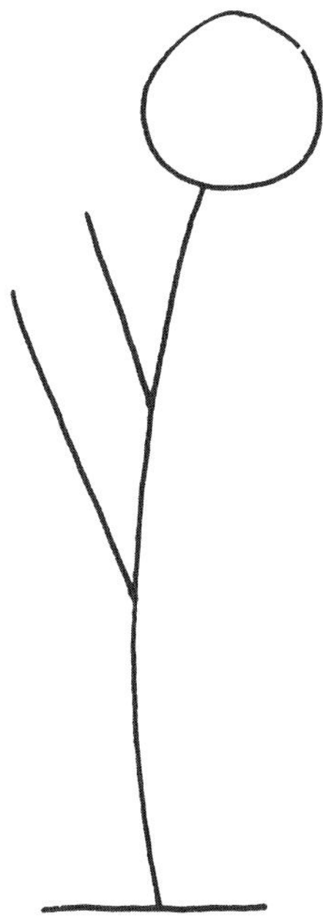

G.D.P.: *O meglio, si può dire che ognuno ha il pubblico che si merita.*

M.P.: Non credo che in Warhol ci fosse questo desiderio umanitario, di un amore per gli uomini che voleva elevare culturalmente, non gliene fregava niente di tutto ciò, solo si concedeva ad esso totalmente come un fatto di perversione, facendo arrivare il suo lavoro ad un livello di riproducibilità di massa. Il suo lavoro elevava certamente il pubblico, perché di qualità, ma era una cosa involontaria e non un progetto.

G.D.P.: *Sì, ma a mio avviso c'era anche una lucidità di fondo nel voler avvicinare, ampliare il pubblico dell'arte e ciò non deve essere letto in modo negativo, ma come una posizione di forza. Soprattutto non significa che per fare questo egli facesse lavori cosiddetti "facili" per piacere al pubblico, significa che egli era tale, fatto per avere un vasto pubblico, come dimostra tutta la sua strategia di lavoro: la Factory, la rivista "Interview", il cinema, la collaborazione con i gruppi rock tipo Velvet Underground, Rolling Stones: era un artista per tutto ciò e non solo perché faceva quadri.*

M.P.: Sì, ma qui c'è il discorso dell'artista che deve entrare nel mondo, vestirsi di questi panni mitici e creare con i sistemi più quotidiani e banali. Secondo me alla base di tutto il suo lavoro c'è un atteggiamento molto perverso, di volersi quasi far mangiare dal mondo, un gesto basato sul mistero di voler scendere dall'Olimpo ed entrare nel mondo affinché il mondo ti consumi, ed è per questo che mi interessa Warhol.

G.P.: *Io, invece, penso che Warhol abbia voluto rappresentare l'artista manager, cioè il modo contemporaneo di fare arte.*

M.P.: No, l'artista non può fare questo.

G.P.: *Eppure, tutte le strategie di marketing, di comunicazione che lui adottava danno questa indicazione.*

M.P.: Ma perché questo è il solo mezzo per poter entrare nel mondo. Voglio dire, se io decido di fare questa operazione e non riesco a farla è perché il mio lavoro non me lo permette. Warhol, invece, ha fabbricato il suo lavoro e la sua poetica, che è poi diventata la più filosofica di tutte; e questo dice di come egli si sia donato al mondo in maniera molto passiva. Le armi erano quelle dell'industria, della tecnologia, della strategia economica americana, per perseguire un obiettivo filosofico molto più intimo, che non so come definire.

G.D.P.: *Ma questo voler farsi mangiare dal mondo non è un'indicazione pionieristica di quello che tu dicevi prima rispetto alla critica del "New*

York Times", il fatto che essa non ha incidenza se è negativa o positiva nel momento in cui il pubblico ti dà consenso?

M.P.: No, non mi sento di interpretarlo così, un artista non si comporta in questo modo.

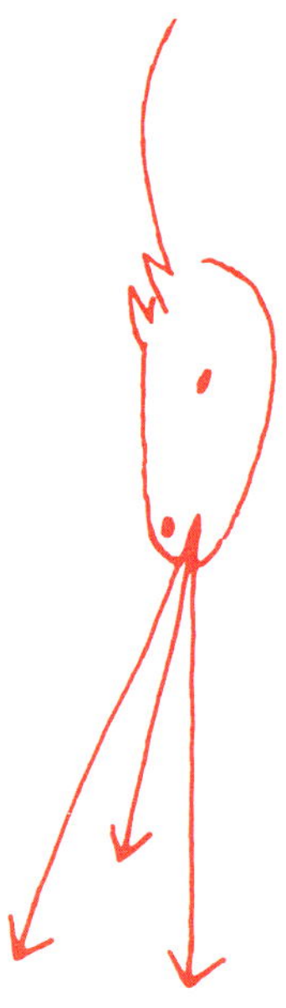

G.P.: *Allora, nella tua ottica, Agnelli, che vuol dare una macchina ad ogni italiano, vuole darsi in pasto agli italiani?*

M.P.: Agnelli non è un artista, e anche se è molto interessante ciò che dici, mi pare un po' eccessivo *(risate)*.

G.P.: *Non pensi che l'alta economia, e l'alta finanza in fondo rappresentiamo un modo di fare arte? Io credo che il grande economista debba essere un creatore.*

M.P.: No, penso proprio di no, perché le molle che spingono a fare queste cose sono altre. Poi se questo prevede una creatività è un altro problema, perché la creatività la puoi trovare ovunque.

LA QUALITÀ DELLA DOXA

C'È UN PENDOLO CHE APPARENTEMENTE MISURA
IL TEMPO, MA SICURAMENTE TUTTO QUELLO
CHE STA AVVENENDO OGGI È IL RIFLESSO FALSO DI CIÒ
CHE PROBABILMENTE SI STA PREPARANDO
COME VERA ARTE DEGLI ANNI NOVANTA.

G.P.: *Sì, ma non credo che la molla che spinge Agnelli — o Berlusconi —sia di tipo economico.*

M.P.: Certo, c'è un'ambizione che spinge qualunque uomo a progredire nel suo lavoro e a farsi riconoscere come tale.

G.P.: *Io e Giacinto parliamo spesso di come la posizione e la funzione del critico tradizionale, che decide il valore, vengano assunte dal consenso del pubblico dell'arte che determina il successo o meno di un artista. Tu cosa pensi in proposito?*

M.P.: Tu sei un artefice di tutto ciò. Ho sempre detto che la tua rivista è uno degli strumenti che può servire a far crescere la capacità d'informazione intorno a quello che avviene in arte, sia in bene che in male. Intorno a questo c'è il collezionista, il mercante e stranamente le persone si associano per affinità animali: pessimo artista con pessimo mercante, brutto museo. Ma alla fine è sempre la qualità ad emergere.

G.P.: *Sì, ma la qualità come la misuri?*

M.P.: Tu sei lo strumento che mette in luce una cosa, e se questa ha delle qualità intrinseche, probabilmente progredirà, mentre quelle che non le hanno cadranno.

G.D.P.: *È proprio su questo che lavora la "critica Doxa", come io la definisco: sul fatto che non è il consumo a farti aumentare di qualità, e che il consenso del pubblico dell'arte si fonda sulla qualità reale. Tutto questo è dimostrato dal fatto che fino a 20 anni fa la presentazione di un critico "importante", D.O.C., attribuiva valore, oggi non è più così, in quanto farsi presentare da un critico "importante" non è garanzia di affermazione, e questo vorrà pur dire qualcosa...*

M.P.: Probabilmente intorno all'arte avvengono dei fenomeni di questo genere: ad esempio Giancarlo mette in luce un lavoro, questo lavoro viene visto e pubblicizzato, siccome la rivista è autorevole si creerà subito una certa attenzione prima tra gli addetti ai lavori, poi tra gli altri, fino ai collezionisti del Texas. Ma bisogna stare attenti, perché quando questo lavoro perderà questa attenzione, perché Politi non se ne occuperà più, l'artista si farà schivo, quelli del Texas dimenticheranno e il pubblico man mano si ridurrà, mentre l'artista continuerà a vivere. Questo perché c'è un pubblico più stupido e uno meno stupido: il primo accetta tutto passivamente, il secondo criticamente, ed è quello più duraturo.

G.P.: *Però quello che volevamo dire è che, senza pensare a Benevento o a Milano, ma a Colonia e New York, oggi il pubblico dell'arte è composto sempre più da gente del secondo tipo.*

M.P.: No, perché è probabile che ci siano dei furbetti che prevedono che dopo un periodo neoespressionista ci possa essere un periodo poco espressivo.

G.P.: *Ma io voglio dire che ognuno di noi cerca di essere vestito diversamente da un altro, e non pensi che l'artista abbia, da sempre, cercato un suo spazio espressivo che lo differenzi dagli altri?*

M.P.: Sì, e questa è la molla dell'artista, il cercare di fare un lavoro che non c'è.

G.P.: *E questa non è una ricerca di mercato?*

M.P.: No, non credo.

G.D.P.: *A mio avviso si sta perdendo il punto di vista reale della "critica Doxa", cioè si sta cercando di restringere la sua complessità al solo aspetto economico, mentre essa è una cosa complessa che contiene posizioni molteplici, tra cui quella economica. Infatti, il mercato può progettare fino ad un certo punto, perché deve sempre appoggiarsi a qualcosa di reale e di valido, non può crescere su niente, soprattutto quando a giudicare è un pubblico specializzato come in questo caso e che, per l'appunto, io chiamo non pubblico in generale, ma pubblico dell'arte. Voglio dire, poi, che se il mercato ha deciso di spingere il tuo lavoro è perché vi ha riscontrato queste qualità reali, perché sa che se così non fosse avrebbe rischiato un'operazione suicida. Infatti il mercato, l'economia, è quello che rischia più di tutti, ed è quindi normale che tenda a ridurre al minimo il rischio investendo su artisti di qualità. E' anche risaputo che molte volte sono stati mercanti e galleristi a scoprire e a capire artisti che la critica, quella che si occupa, diciamo così, di* *cultura, aveva respinto. Concludo dicendo che questo volersela prendere con il mercato da parte dei critici mi sembra nasconda una scarsa propensione della maggior parte dei critici a capire ed amare l'arte. Questo discorso non deve essere inteso banalmente, nel senso che l'artista lavora di conseguenza al mercato, perché l'artista fa il suo lavoro; il mercato, che non è*

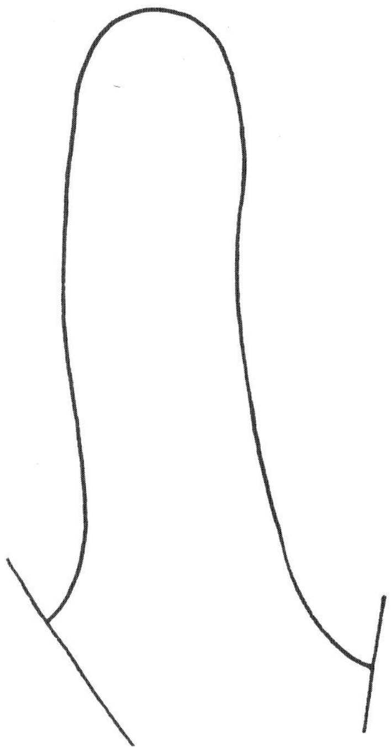

stupido, se ne accorge e lo promuove guadagnando soldi, il che mi pare una cosa molto naturale.

M.P.: No, io credo che oggi si può assistere ad un fenomeno di moda da parte della musica, ad esempio, nel progettare su un andamento del gusto popolare. Ci sono sicuramente degli studi sull'andamento del gusto della gente, mentre l'arte è imprevedibile, perché se è prevedibile succede quello a cui stiamo assistendo e cioè al succedersi di una corrente fredda ad una espressionista. Questa, però, è la cosa più stupida che ci possa essere, una storia che durerà poco tempo, perché se ne sta preparando una più importante che contraddirà realmente quella espressionista. Infatti c'è un pendolo che apparentemente misura il tempo, ma sicuramente tutto quello che sta avvenendo oggi è il riflesso falso di quello che poi probabilmente si sta preparando e che sara' la vera arte degli anni Novanta.

G.D.P.: *Certo, ma questo è così anche per gli altri campi espressivi dell'umanità, dove c'è una tendenza di contrapposizione continua, ma al cui interno si preparano delle mutazioni sostanziali al di fuori di questo pendolarismo, come è avvenuto ad esempio nella musica con Elvis Presley, i Beatles, i Rolling Stones, i Talking Heads e gli U2. Nel loro caso la critica ha un'importanza secondaria perché è il pubblico della musica — di cui questi gruppi o singoli hanno rappresentato di volta in volta delle bandiere generazionali e quindi degli universi mentali e comportamentali — che ha decretato il loro valore, la loro necessità.*

M.P.: Sì, in questo senso sì, perché sia i Beatles che i Rolling Stones sono stati un fenomeno che è ancora attuale, non scalzato da niente se non da certe esperienze americane di musica minimale, come quella di Philip Glass, mentre i Duran Duran sono una stronzata; perché sono progettati e quindi di poco valore, anche se loro non lo sanno. In arte non dico che sia la stessa cosa, ma probabilmente i fenomeni sono simili, per cui se c'è un'arte che contraddice la precedente, la contraddice per puro spirito di contraddizione, ma non come fatto di esigenza reale. Infatti, io sono convinto che in qualche parte, forse in Russia, si sta preparando la vera arte degli anni Novanta. Ho questo sospetto, che se i paesi dell'Est avranno la libertà, faranno delle cose veramente interessanti, perché l'energia c'è, c'è la poetica, c'è la tradizione. Poi, figurati, con il calo degli Stati Uniti anche sul piano economico-culturale sono convinto che il nuovo arriverà dall'Est.

Una grande sinfonia

Sto attraversando un momento molto stimolante, di grande fermento, non ho motivo di prediligere questo a quello, e considero tutto come un unico lavoro, una grande sinfonia, dove ogni parte è importante per la sua totalità.

G.P.: *La religiosità che ruolo svolge nella tua vita?*

M.P.: La religiosità è quella di credere che questo sia un atteggiamento da perseguire con grande autenticità. Allora, questo può essere simile all'atteggiamento del monaco, dell'asceta, del religioso autentico che si rifugia nel monastero per perseguire una sua idea.

G.P.: *Non sei praticante?*

M.P.: No, pratico l'arte così intensamente che non ho tempo di praticare altro *(ride)*.

H.K.: *Nelle tue opere usi molto spesso riferimenti sia iconografici che di materiali provenienti da opere religiose, che ruolo svolgono, allora, nella tua pittura queste presenze?*

M.P.: Sì, c'è l'idea dell'icona che mi piace, perché pare che storicamente il monaco prima di dipingere meditasse per lungo tempo. L'icona stessa era un'esperienza di meditazione e quest'idea della concentrazione massima su un piccolo oggetto mi piace. Invece, assumo l'idea della croce solo come segno che riporti ad una bellezza estetica e non tanto per il valore simbolico di cristianità o di primitivismo. L'oro, inoltre, è per me materia di alchimia, di mutazione in qualcosa di prezioso, di sfolgorante, che viene dal sottosuolo, in quanto nella mia pittura è importante la qualità luminosa. Intendo la luce dell'oro come per i Bizantini, una qualità che voleva annullare qualunque cosa, una specie di *horror vacui,* delle figure che navigano quindi in un'idea dell'inafferrabile.

G.P.: *Da cosa sei stimolato?*

M.P.: Sto attraversando un momento molto stimolante, di grande fermento. Non ho motivo di prediligere questo materiale a quello, perciò il rame mi stimola quanto il ferro, quanto il colore, e tutto ha un suo senso e tutti i quadri a cui sto lavorando li considero come un unico lavoro, come una grande sinfonia, dove ogni parte è importante affinché la cosa possa cogliere la sua totalità. Poi le opere si separeranno, viaggeranno per il mondo e si vedrà se continueranno a reggere...

G.D.P.: *Come vivi questo sgretolarsi, questa separazione; ti dà fastidio?*

M.P.: No, questo è affascinante, il nascere come un'opera collettiva e vivere poi singolarmente per caricarsi di un senso diverso.

G.D.P.: *Allora come vivi il fatto che non potrai verificare il momento successivo?*

M.P.: Non è vero, perché avrò sempre degli echi, perciò mi piace parlare di musicalità. Ma tu quale credi che sia la qualità dominante del lavoro che vedi in questa stanza?

G.D.P.: *Forse sono viziato da certe mie simpatie per il mondo dell'architettura, ma al contrario di quanto generalmente si dice mi pare che il tuo lavoro sia retto da una decisione costruttiva, da una logica organizzativa che rifiuta la lettura superficiale di un lavoro espressionista, di solo istinto. Infatti, questo ciclo recente di lavori mi pare che contenga gli opposti, evidenziato anche dal fatto che lavori a più opere contemporaneamente, immergendoti in uno spazio-ambiente circondato da quadri e sculture che si fa luogo psicologico.*

M.P.: Degli ambienti intesi come fatto di architettura o di rapporto tra le cose?

G.D.P.: *Tutte e due, credo.*

M.P.: Già: anche un tavolo è un ambiente, in quanto le cose concorrono a formare una struttura architettonica dovuta al caso, all'invenzione.

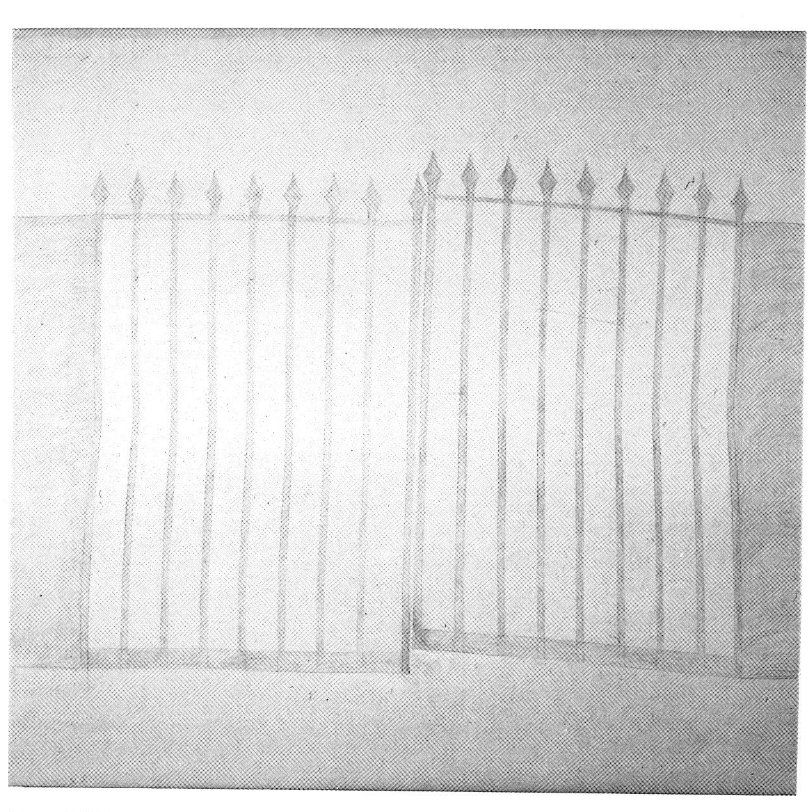

Porta dell'Orto, 1989.
Olio su legno, 187 x 267 cm.

TAVOLE

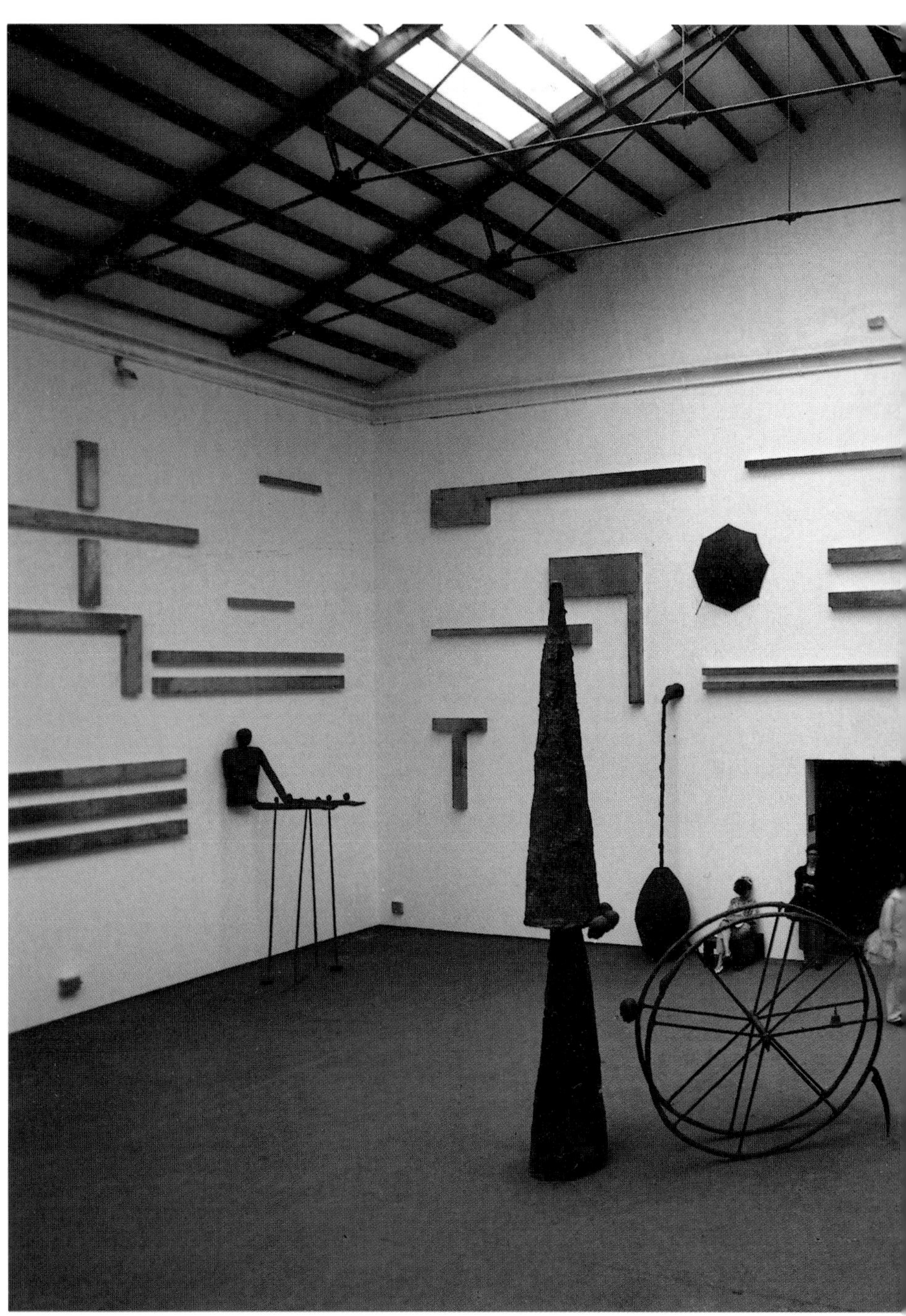

Particolare dell'installazione alla Biennale di Venezia, Venezia 1988.

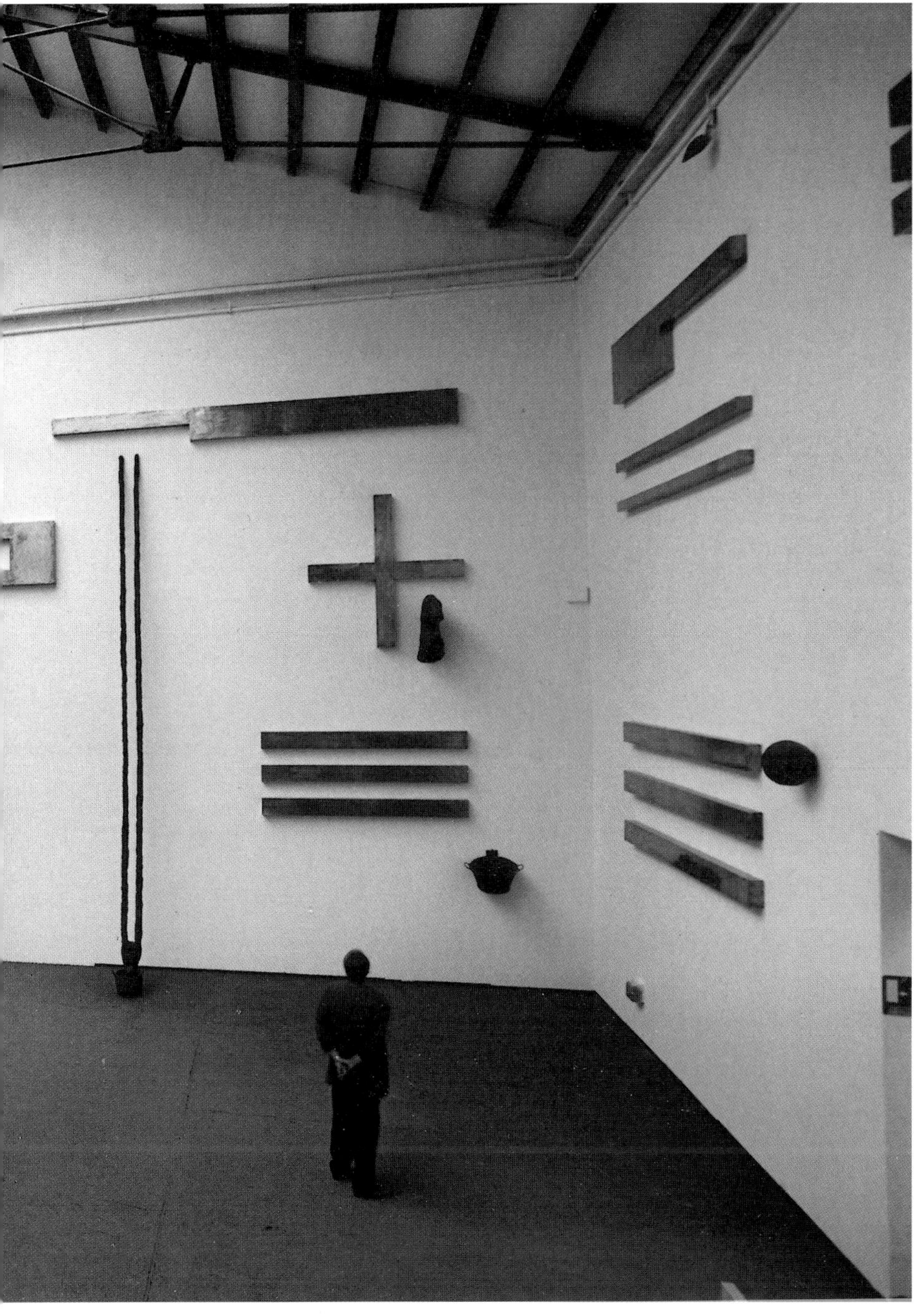

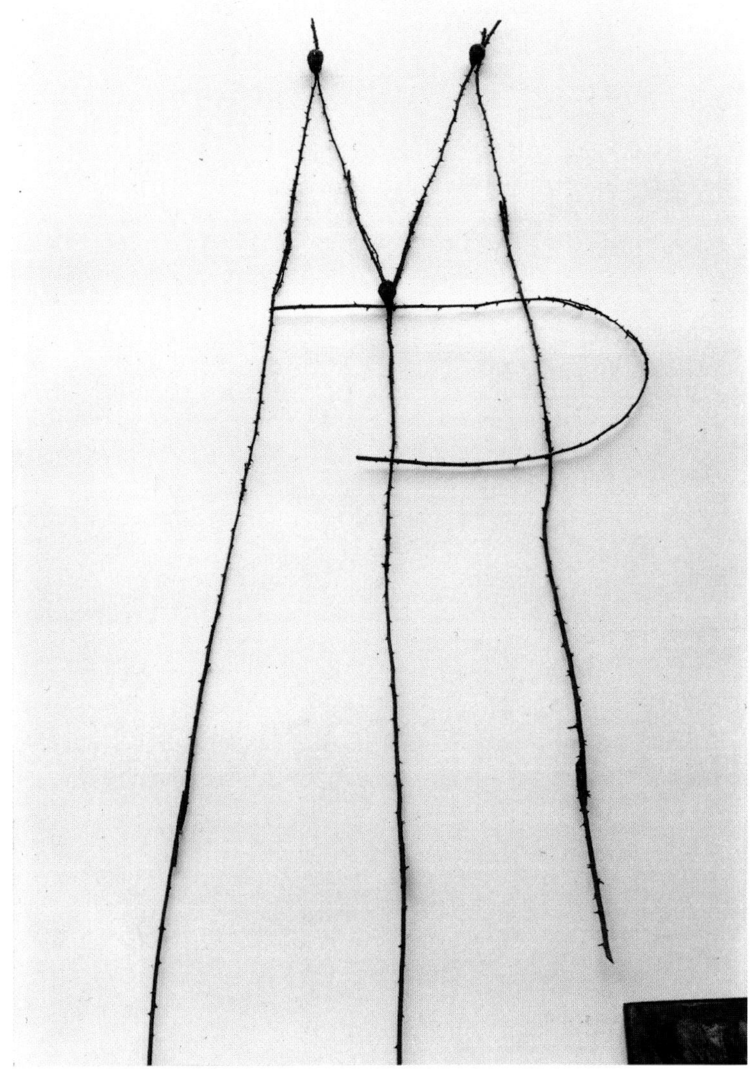

Monogramma, 1988.
Bronzo, 600 x 400 cm.

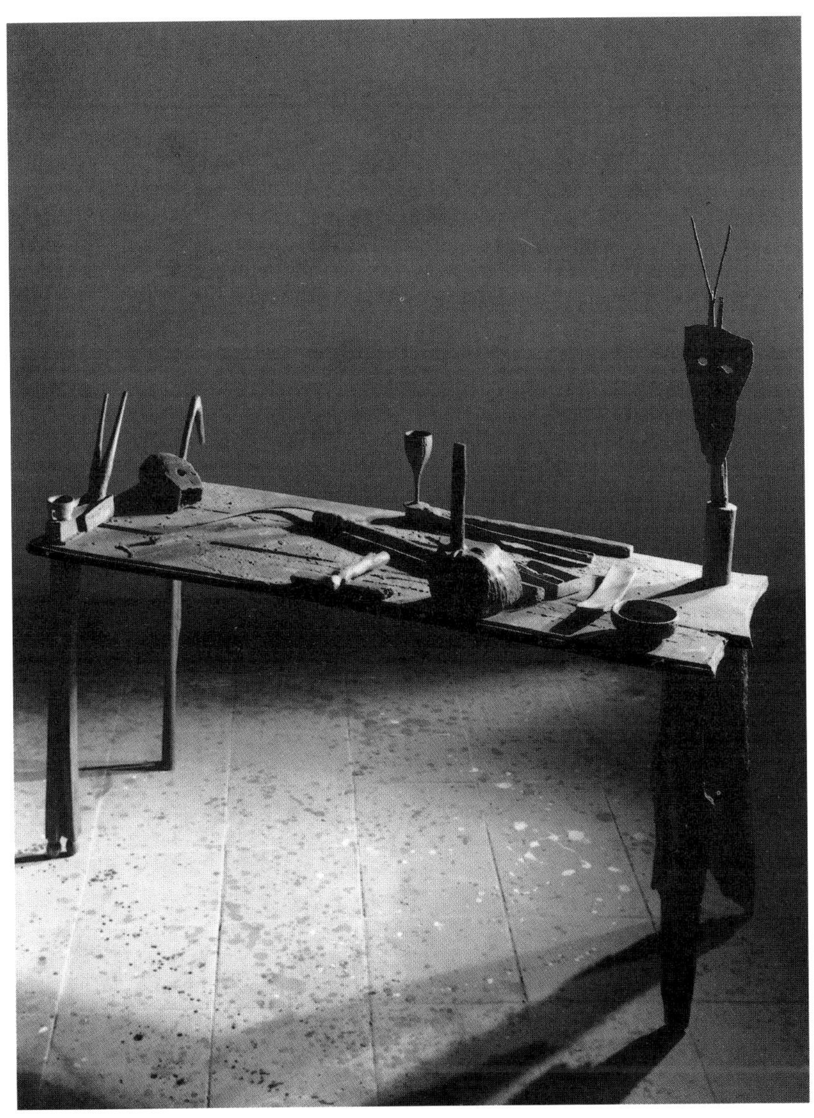

Tavolo, 1988.
Bronzo, 140 x 60 x 100 cm.

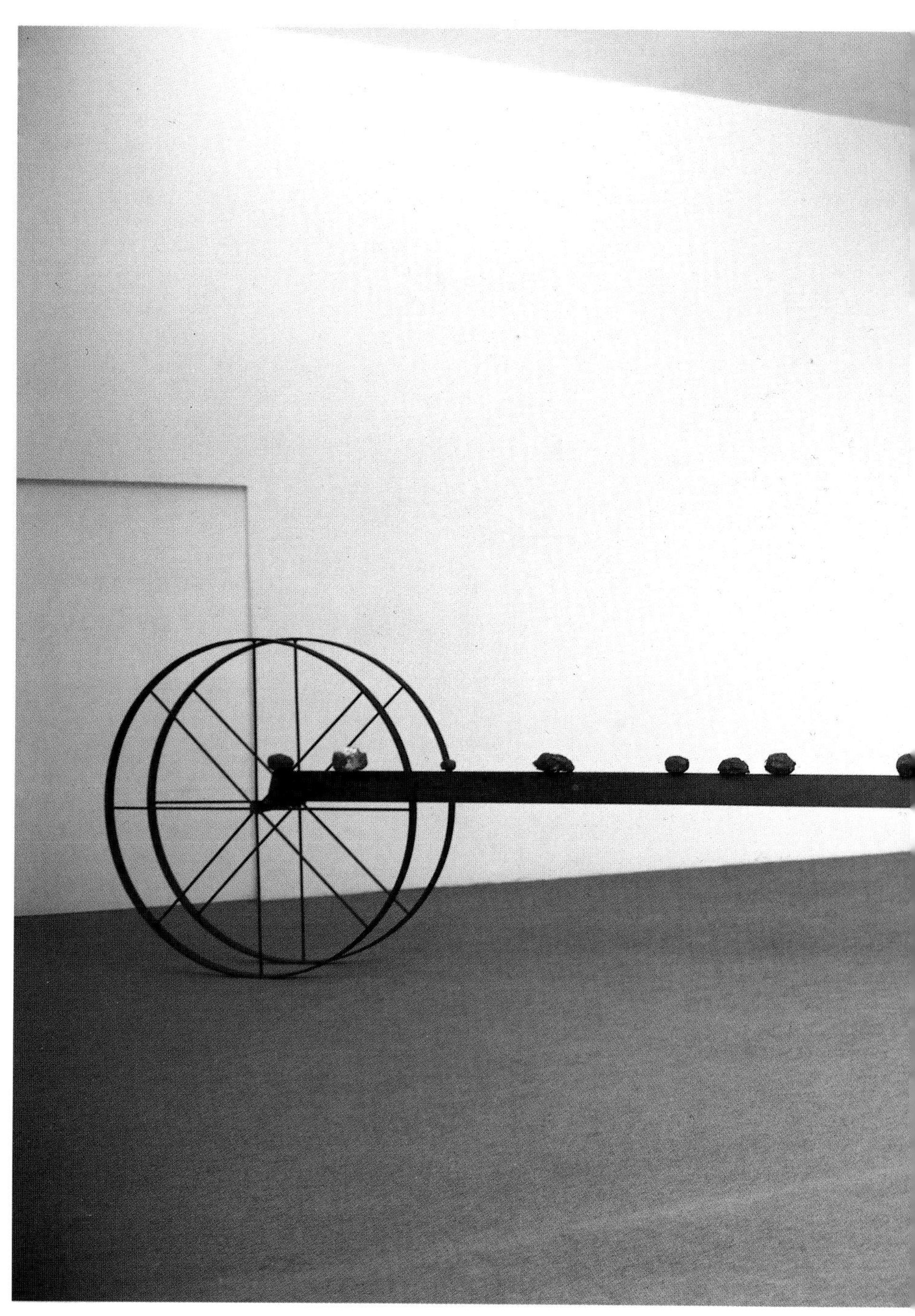

Carro, 1989.
Ferro e bronzo, 122 x 610 x 31 cm.

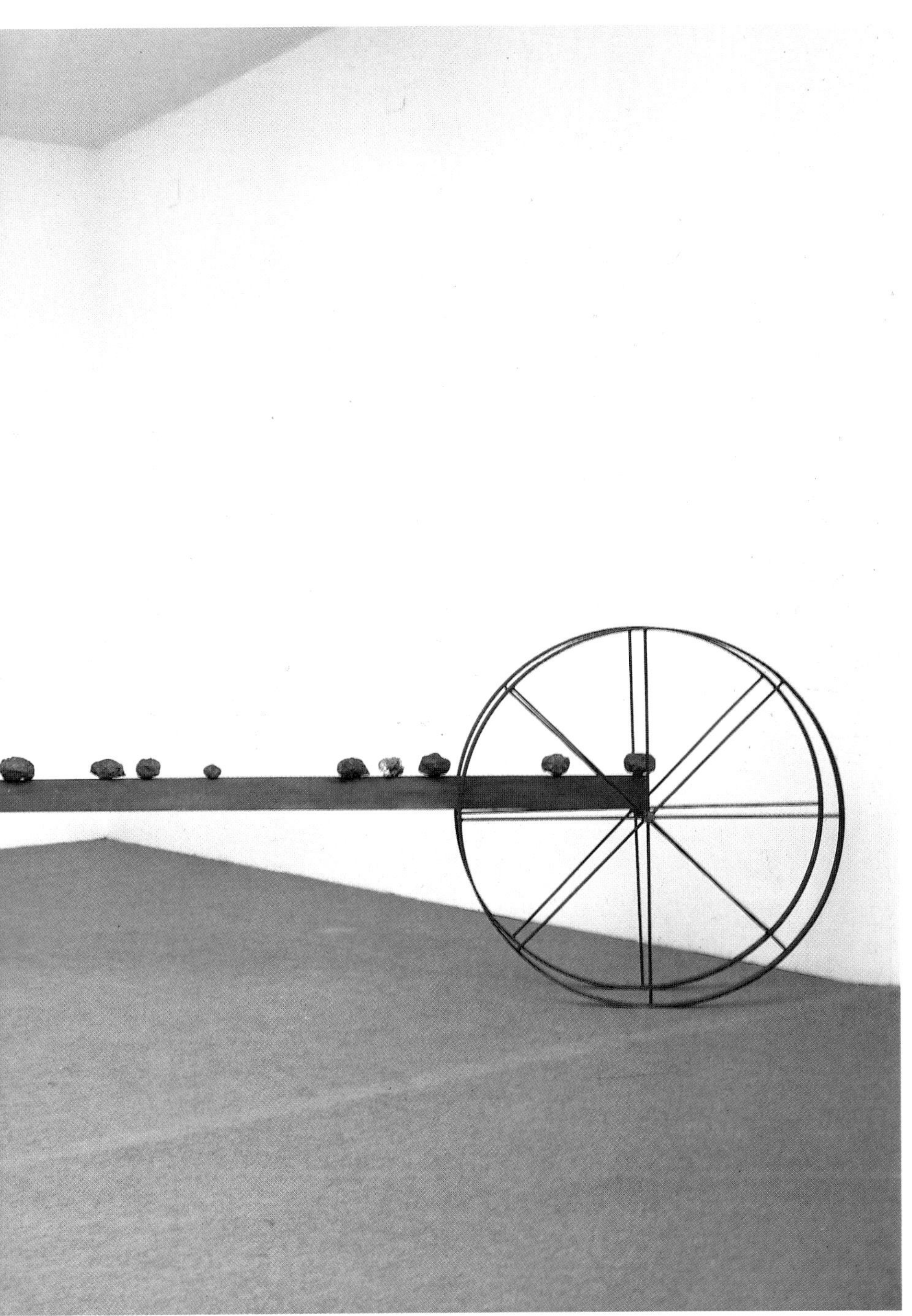

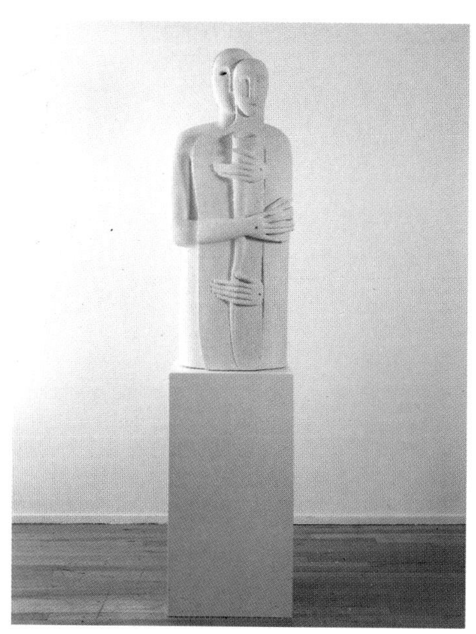

Senza titolo, 1987.
Pietra di Vicenza, 126 x 50 x 32 cm.

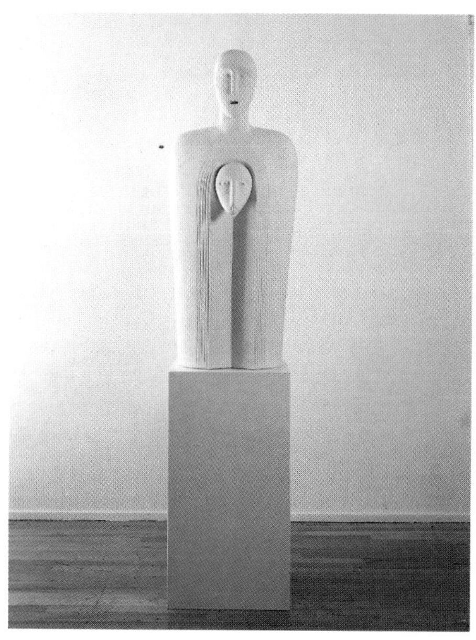

Senza titolo, 1987.
Pietra di Vicenza, 180 x 62 x 36 cm.

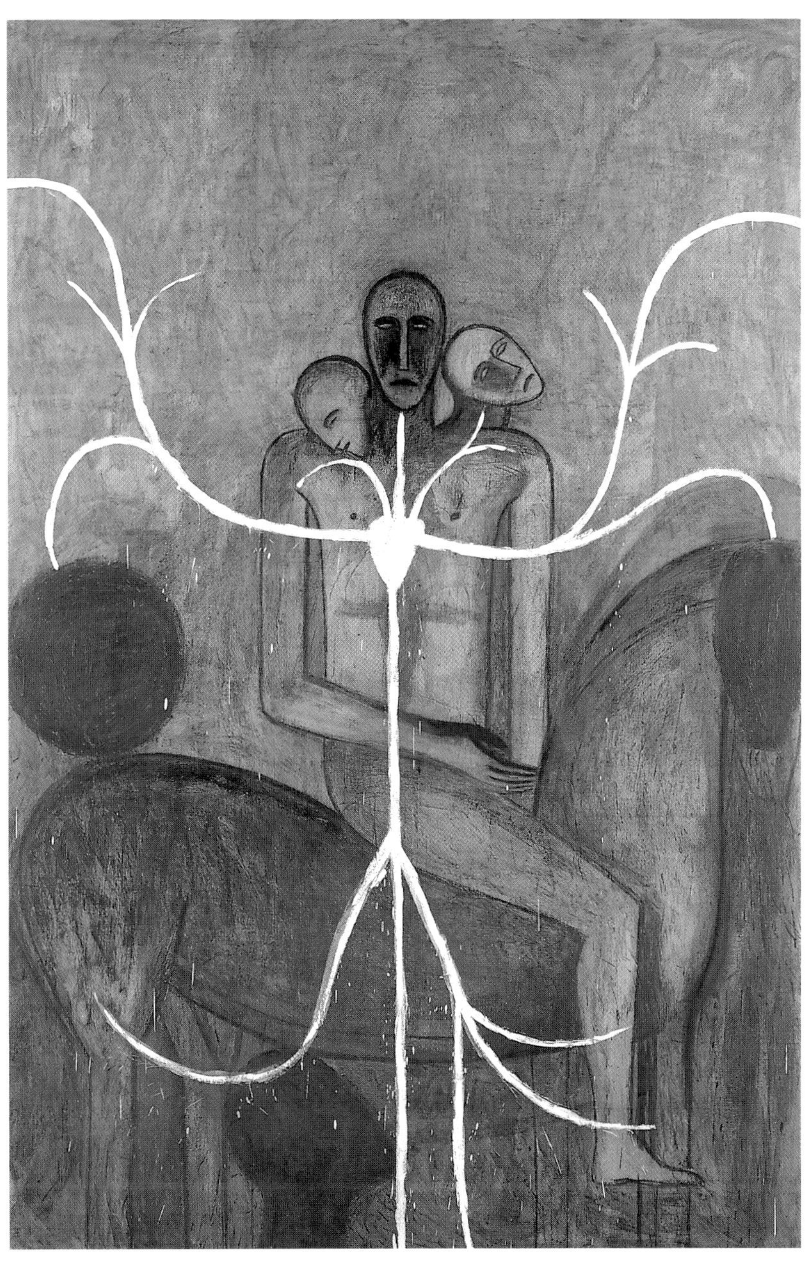

Senza titolo, 1987.
Olio, encausto su tela e ferro, 300 x 200 cm.

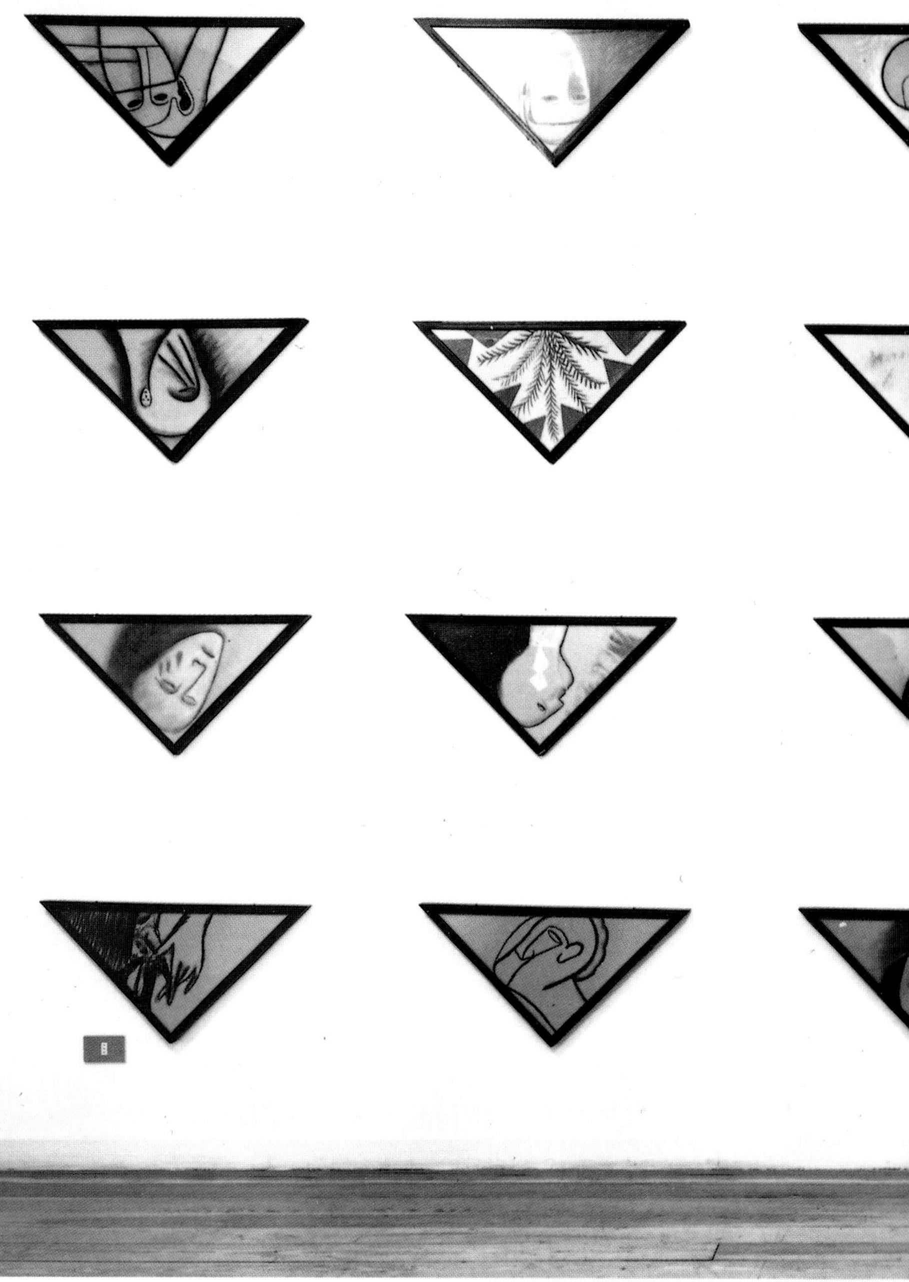

Rapsodia, 1986.
Carboncino su legno e carta più cornice di ferro, ogni elemento 40 x 50 cm.

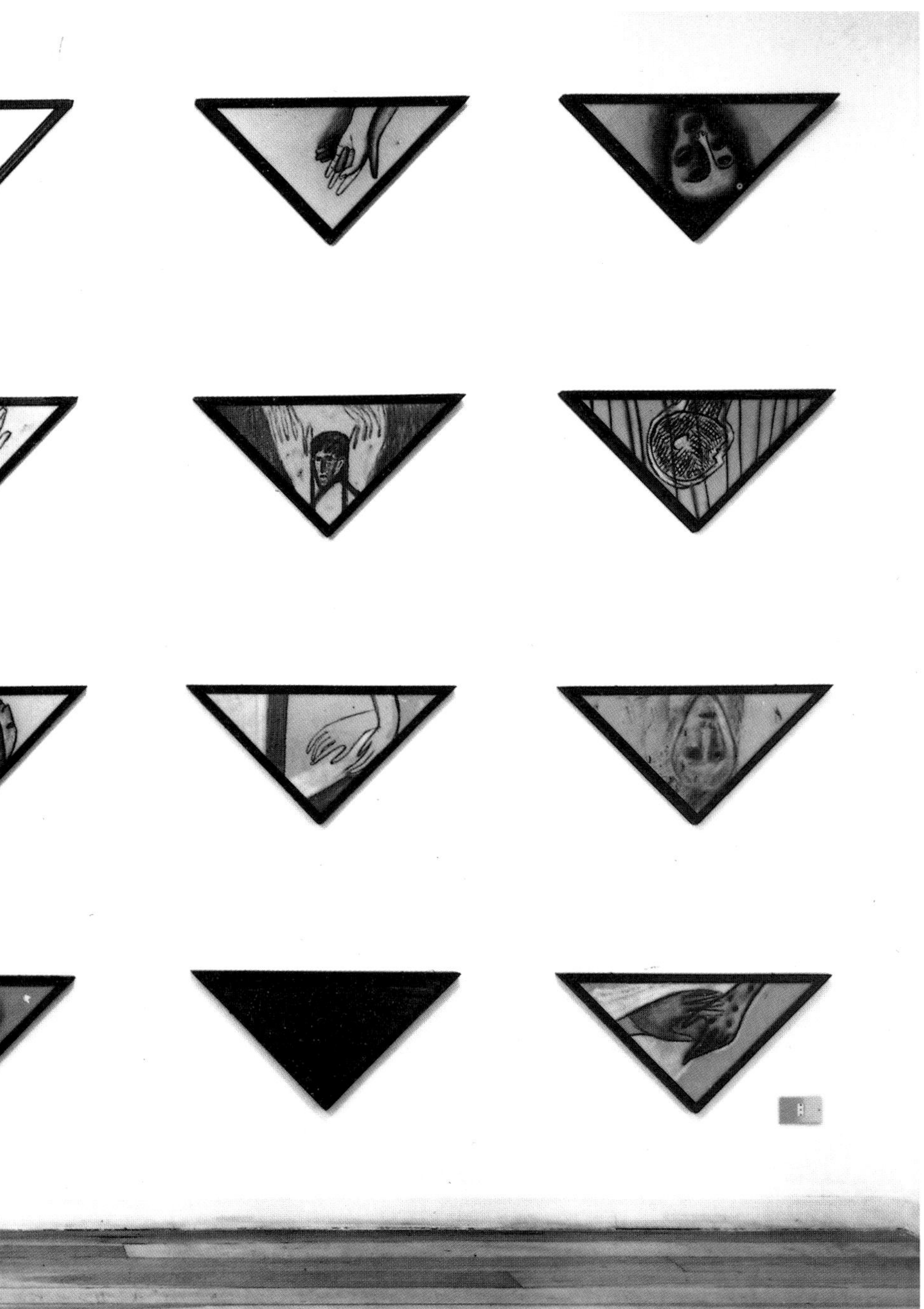

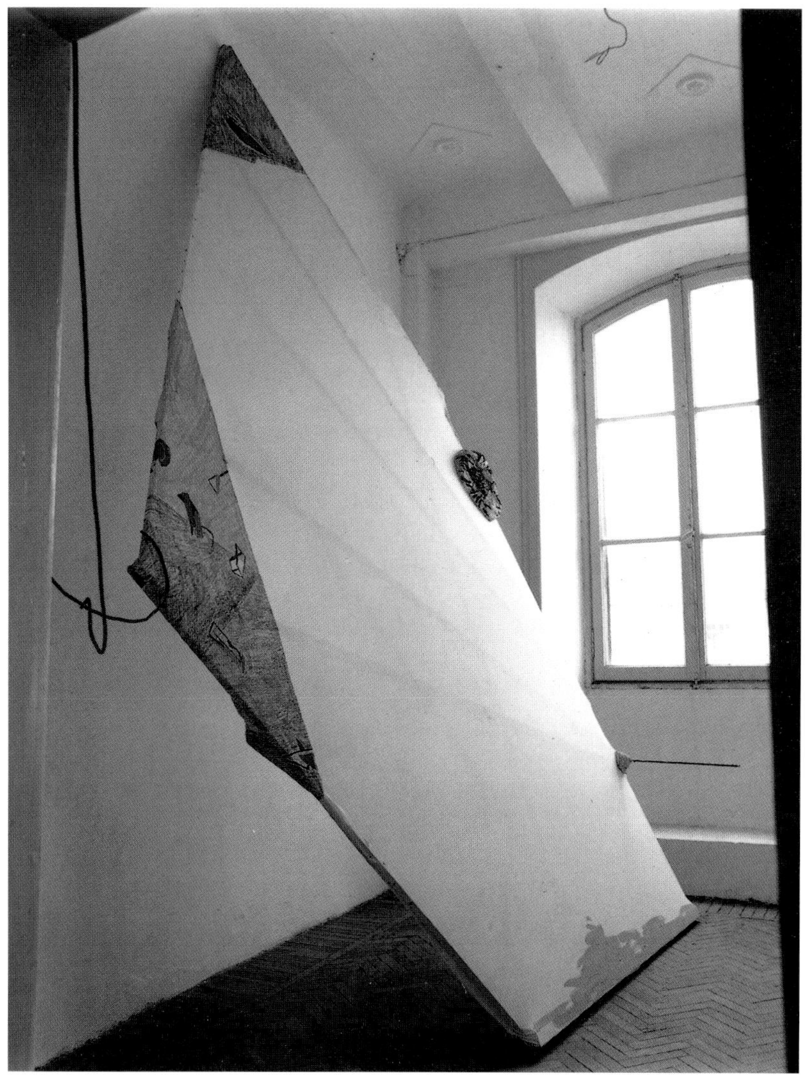

Come sbarazzarsene, 1979/80.
Tecnica mista su tela e legno. Installazione alla galleria Franco Toselli, Milano.

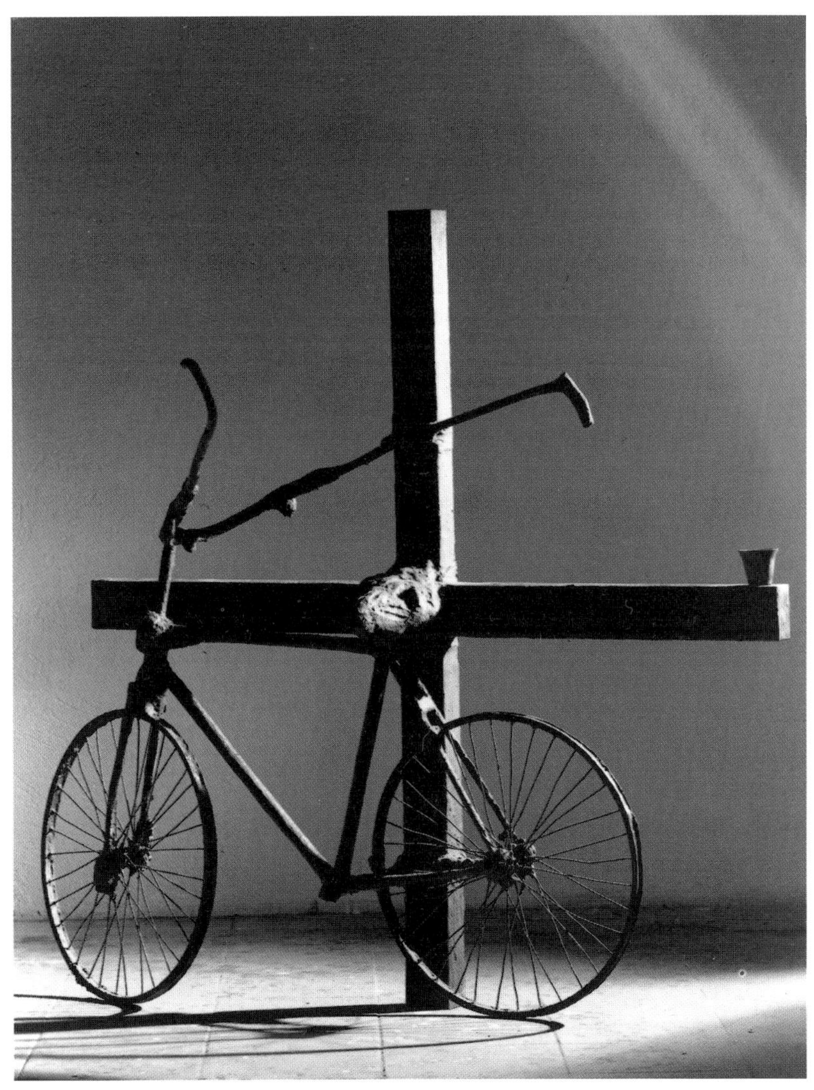

Senza titolo, 1986.
Bronzo, 140 x 140 x 40 cm.

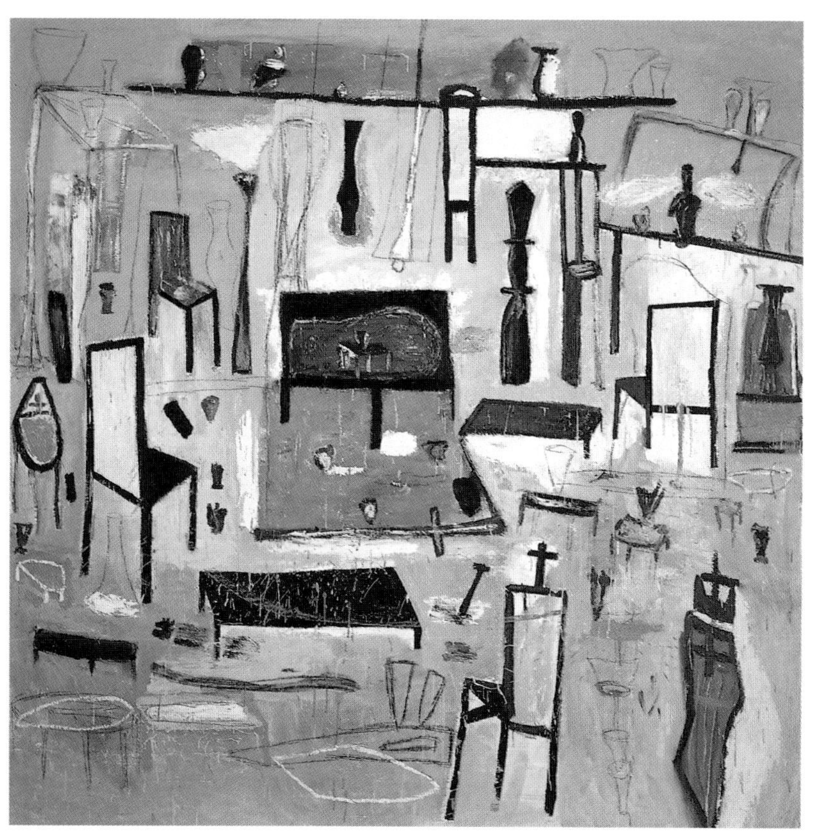

Hotel, 1988.
Olio su tela, 200 x 230 cm.

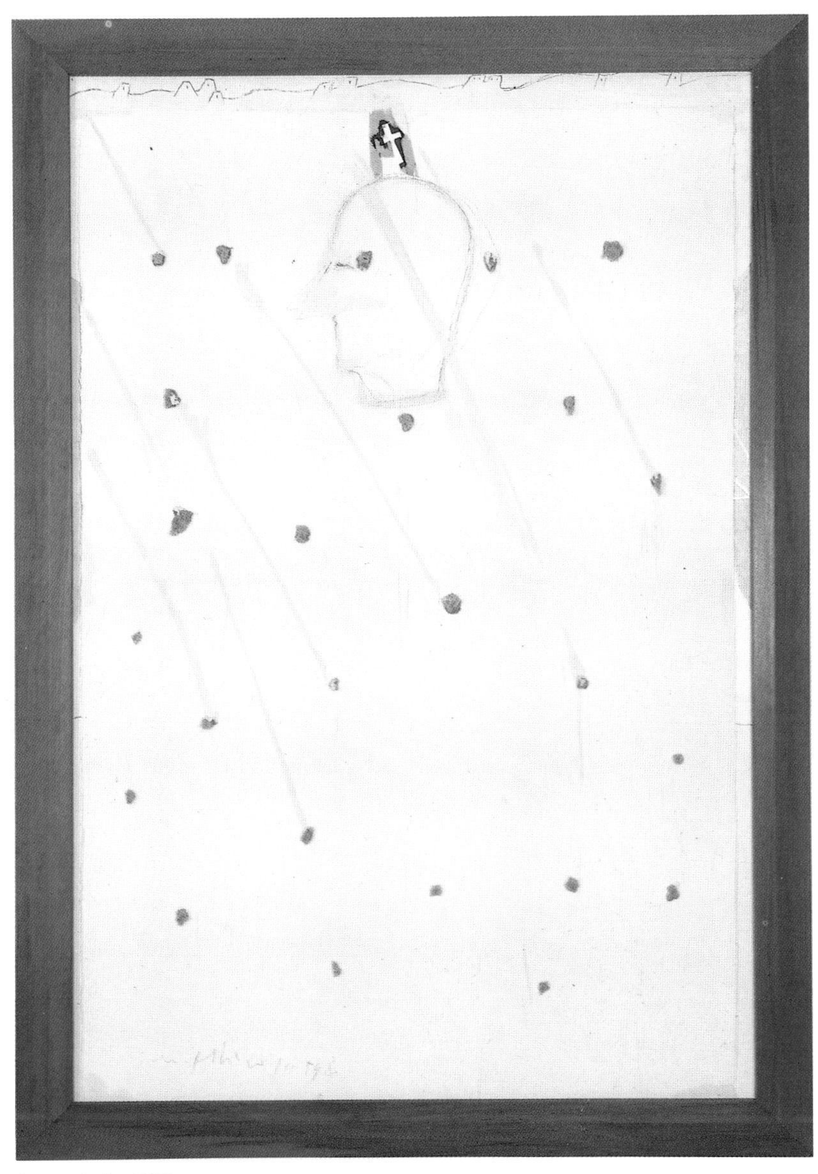

Senza titolo, 1989.
Tecnica mista su carta e legno, 176 x 125,5 cm.

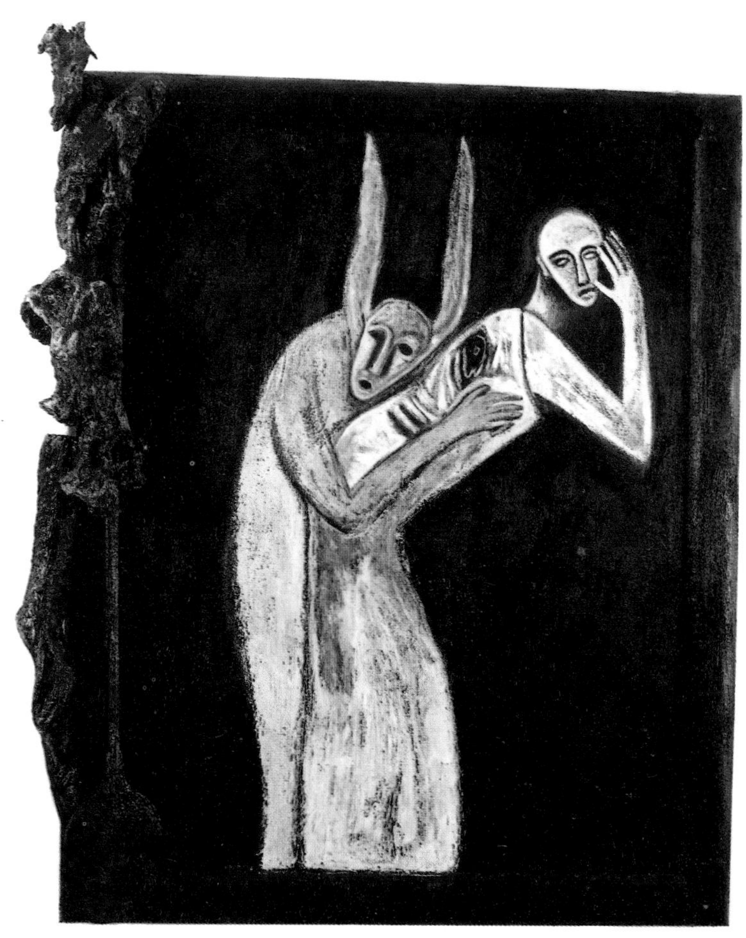

La virtù del fornaio in carrozza, 1983.
Tecnica mista su tela, 210 x 180 cm.

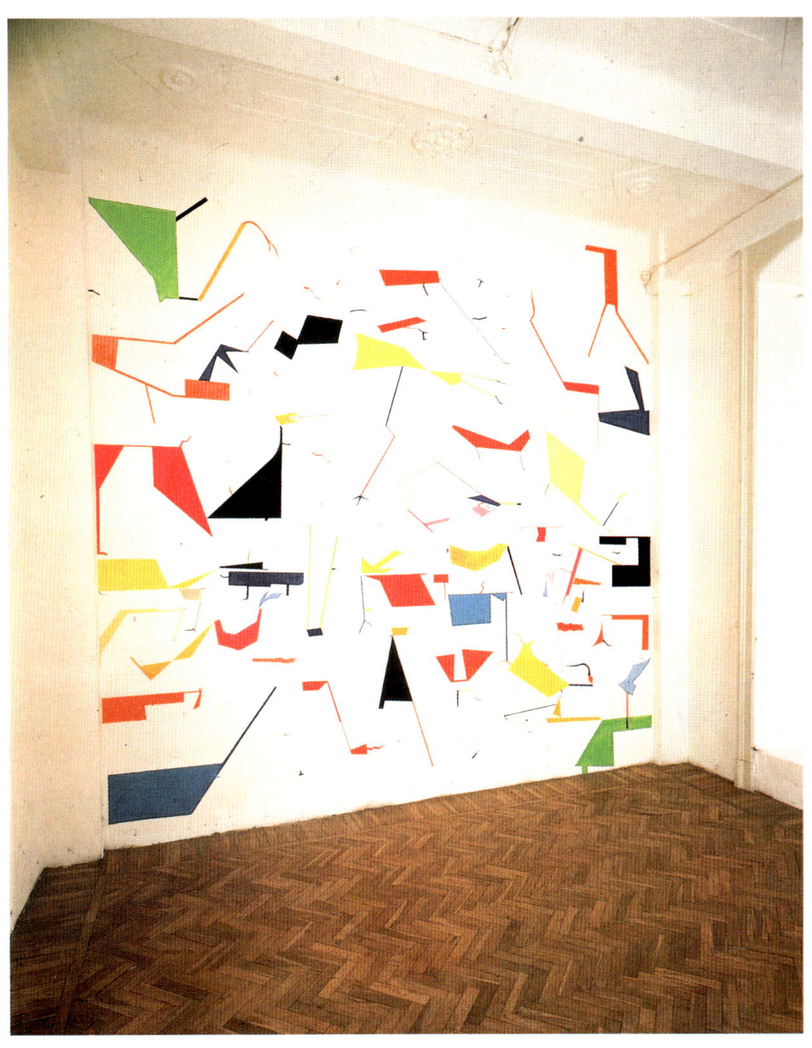

Il Brasile è un pianeta dipinto sul muro, 1978.
Acrilico su muro. Installazione alla galleria Toselli, Milano.

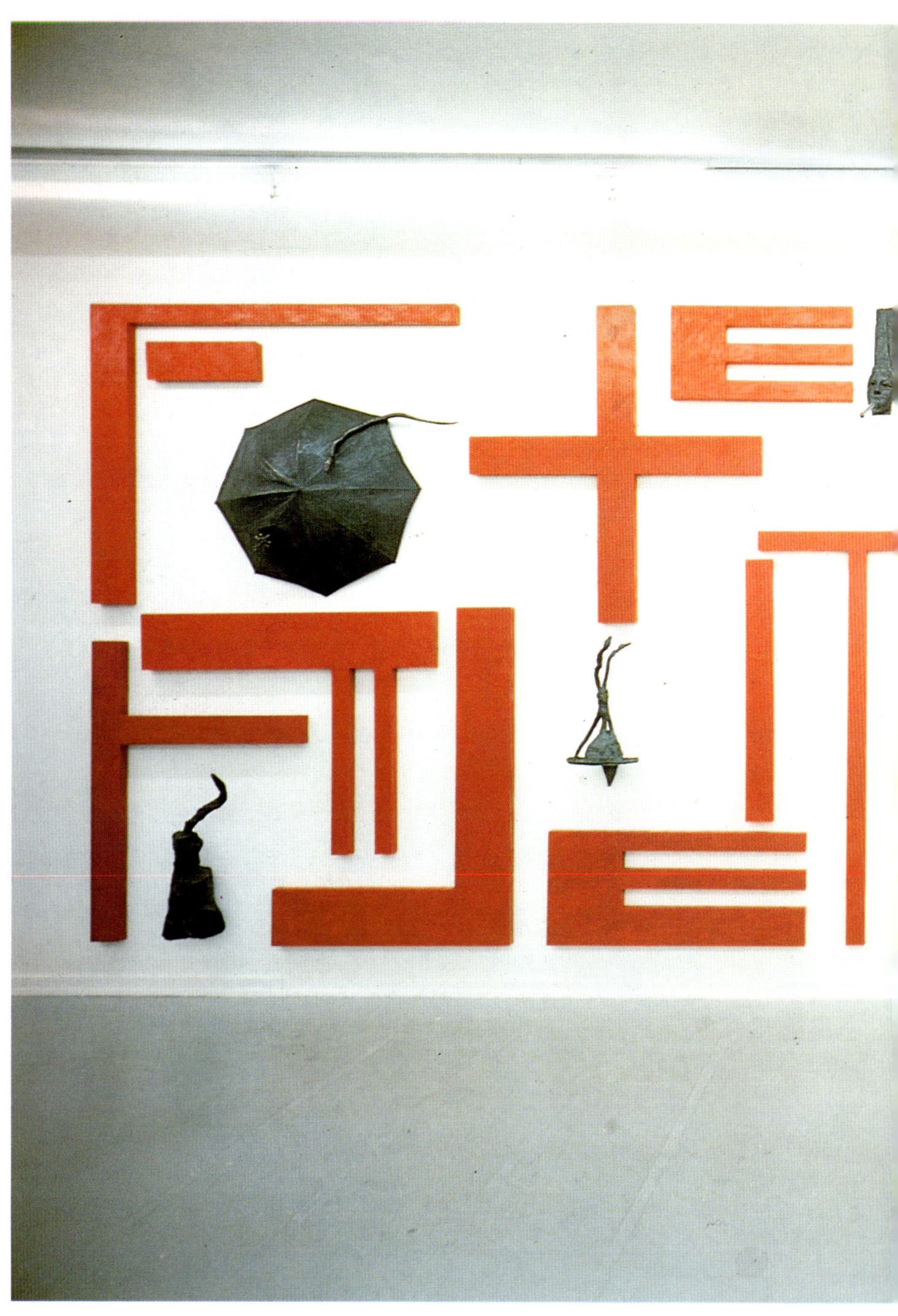

Non avrà titolo, 1985.
Bronzo e olio su tela, 400 x 800 cm.

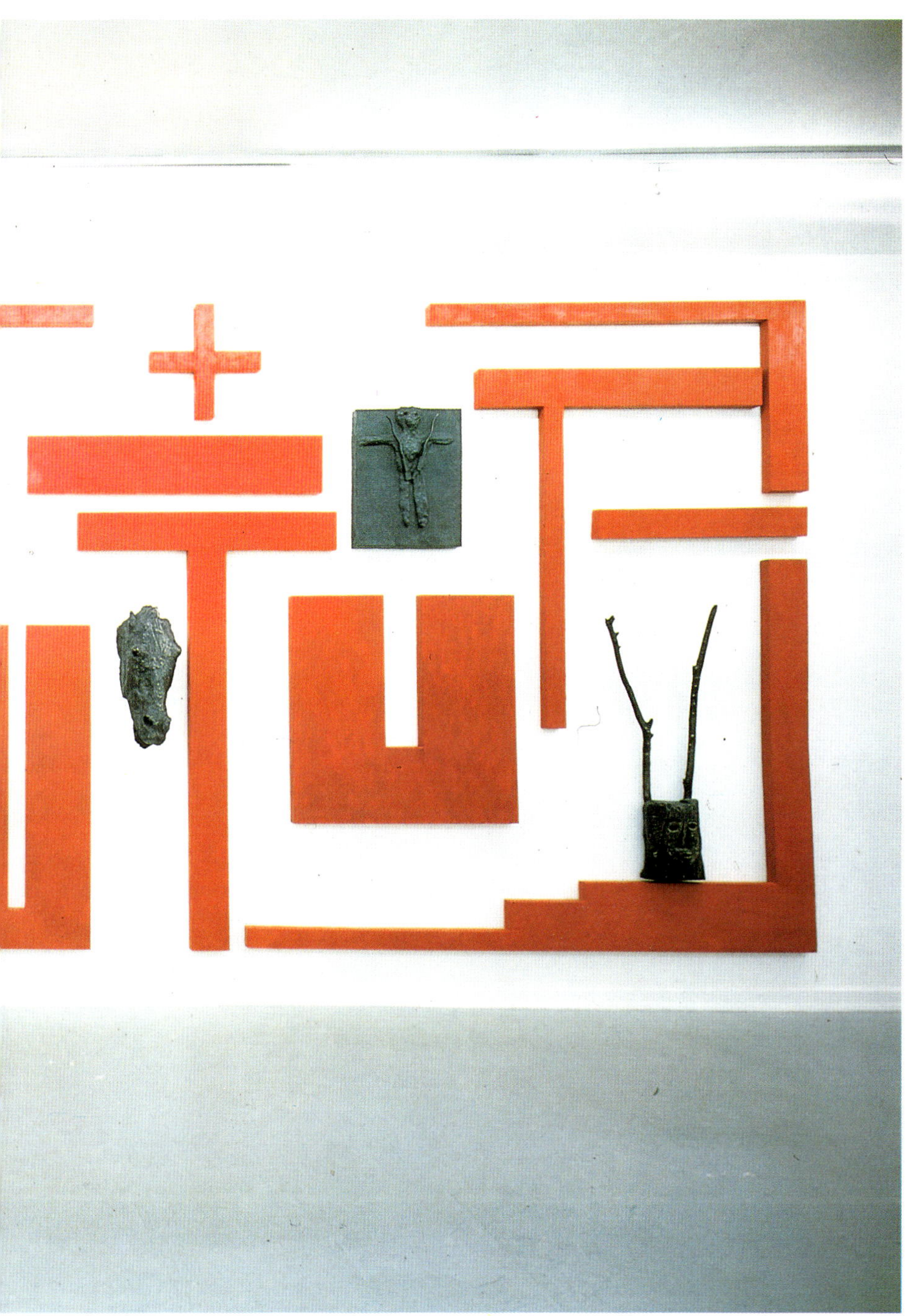

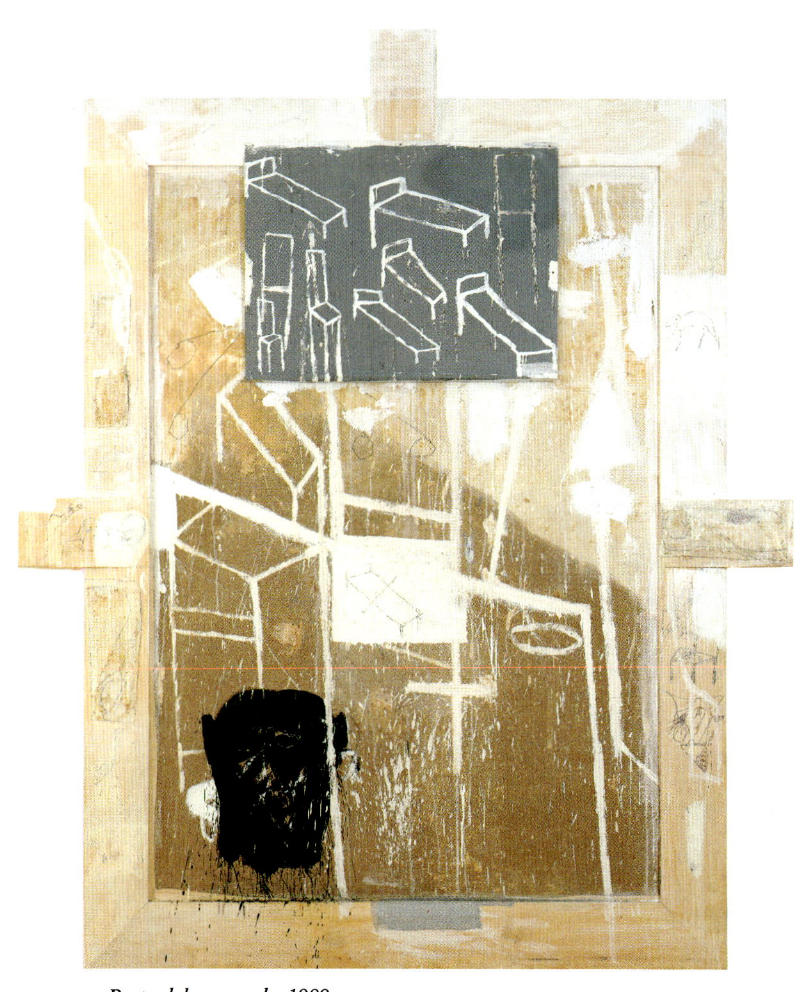

Porta del carnevale, 1989.
Olio su tela, legno e metallo, 265 x 223,5 cm.

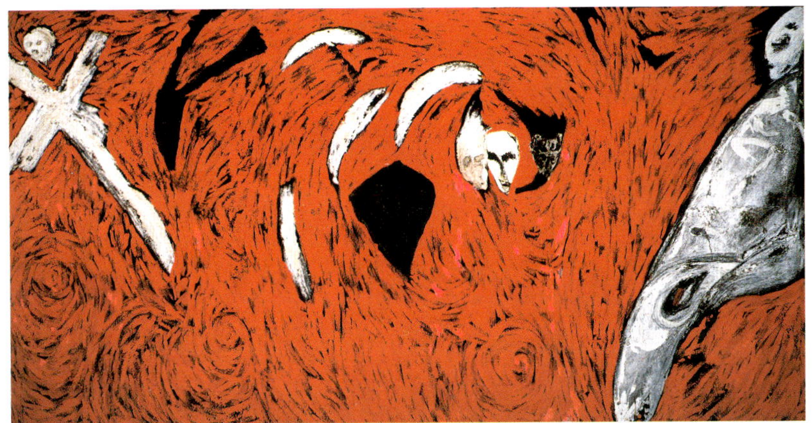

Vieni qui a prendermi, 1981.
Encausto su tela, 200 x 400 cm.

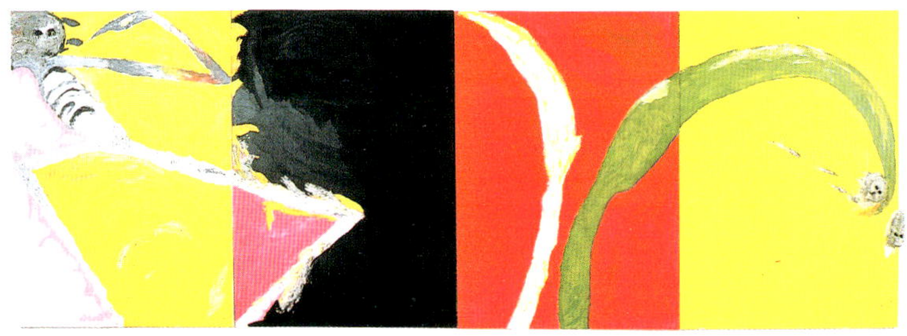

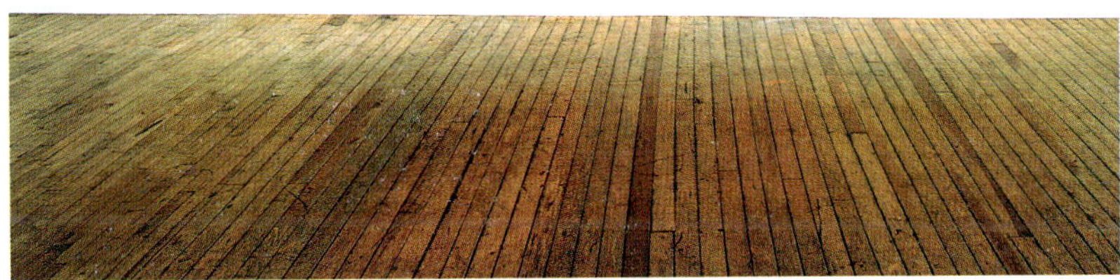

Senza titolo, 1980.
Olio e oggetti su tela, 150 x 210 cm. Collezione Boymans Museum, Rotterdam.

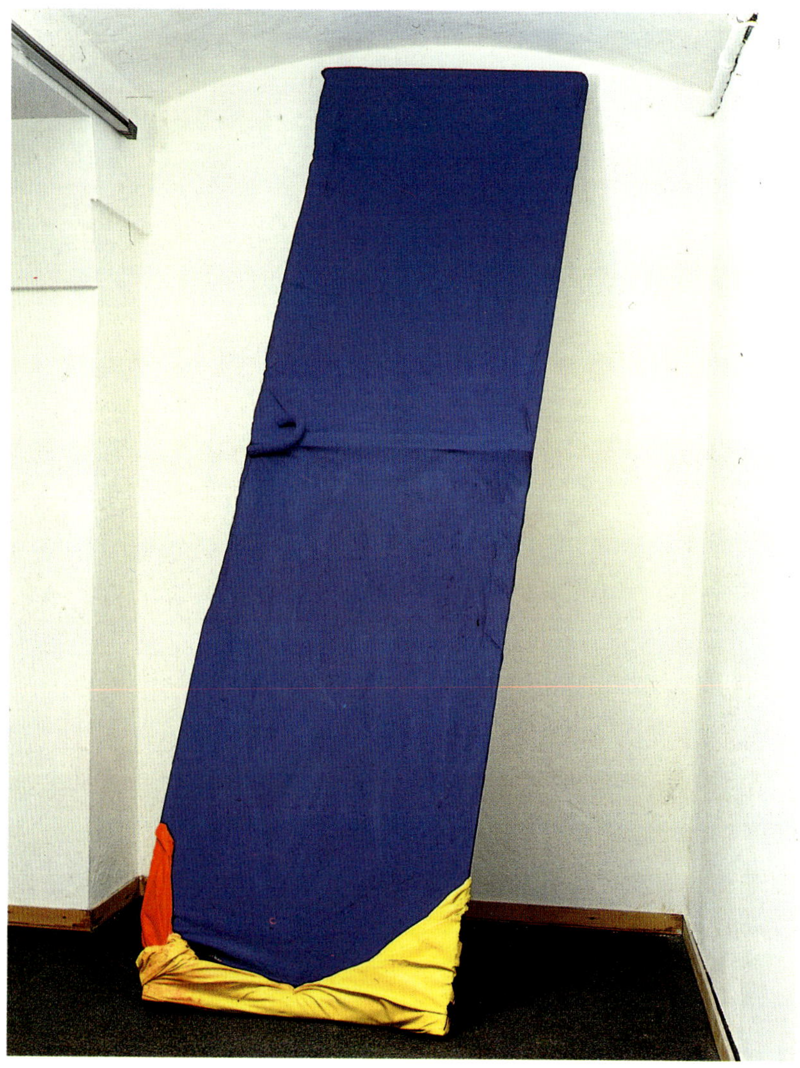

Porta, 1979.
Tecnica mista su legno e tela, 200 x 60 x 15 cm.

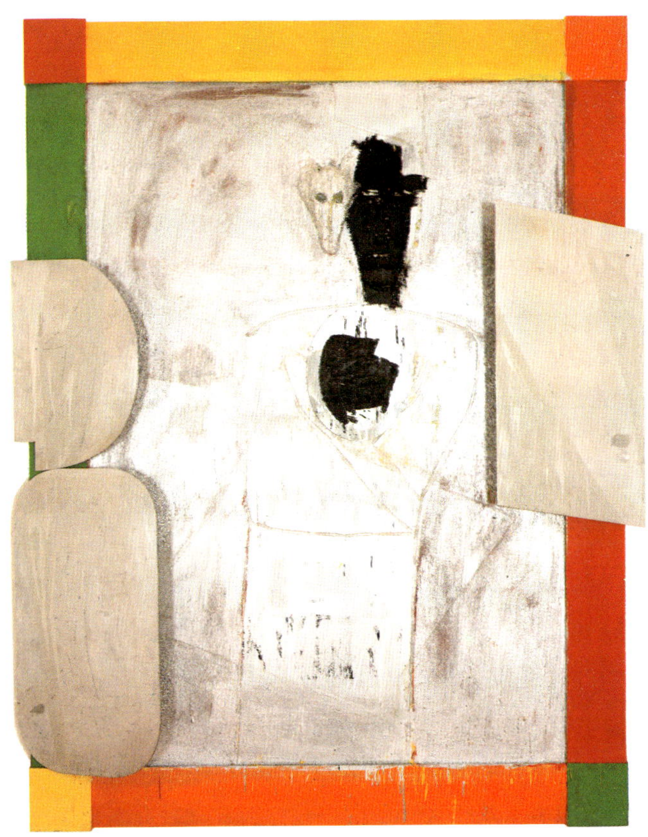

Destinato a volare, 1989.
Olio su legno e alluminio, 241 x 197 cm.

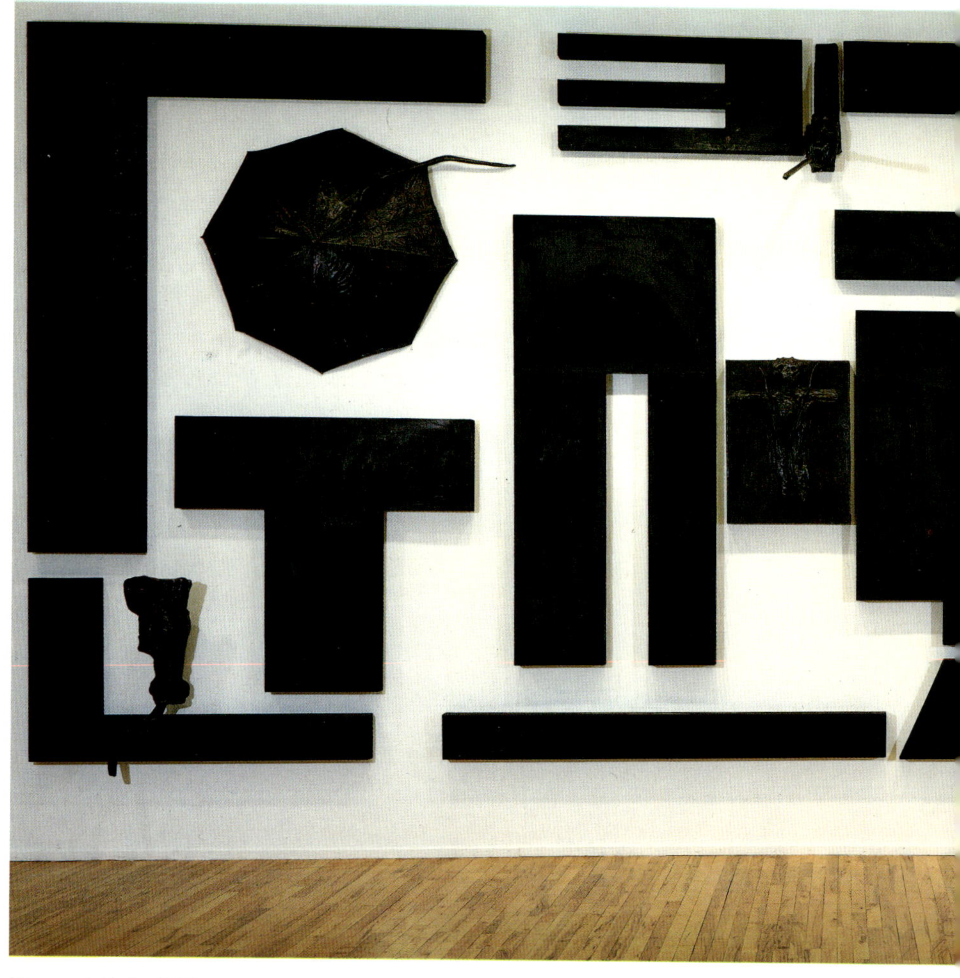

Non avrà titolo, 1985.
Olio e cera su tela, legno e bronzo, 320 x 882 x 98 cm.

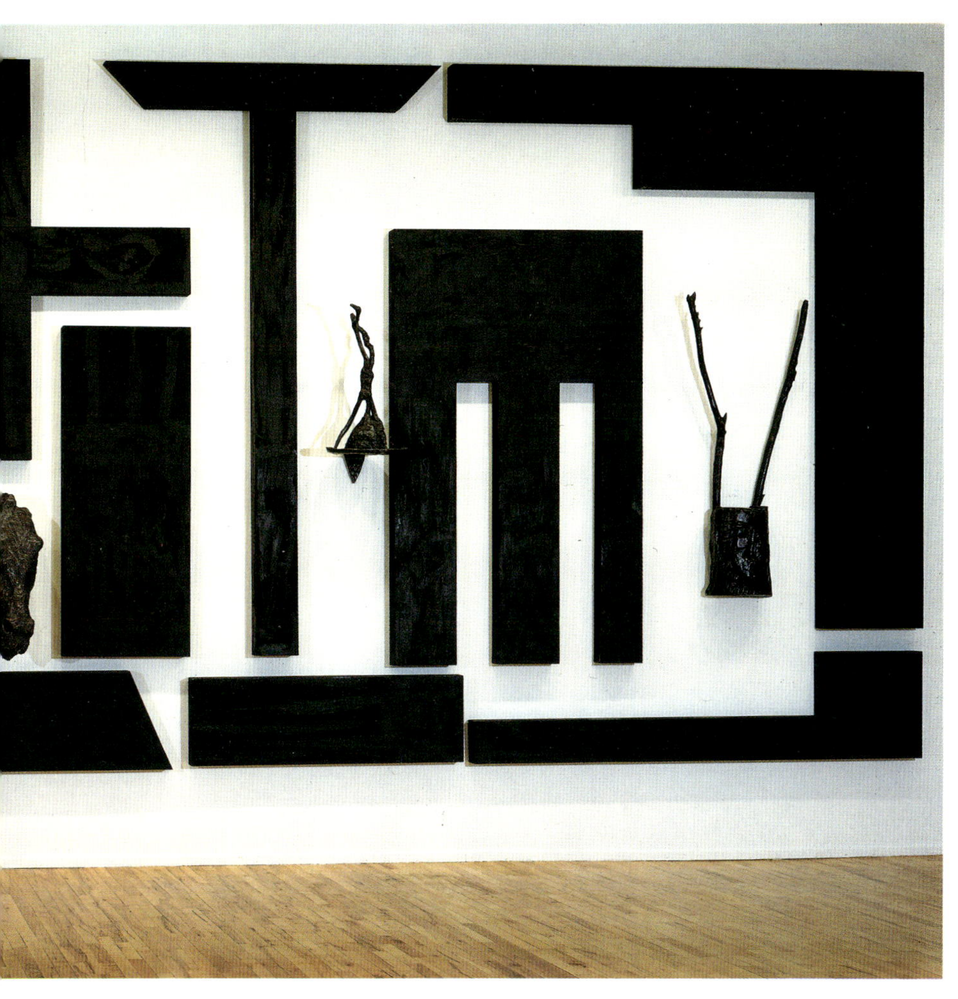

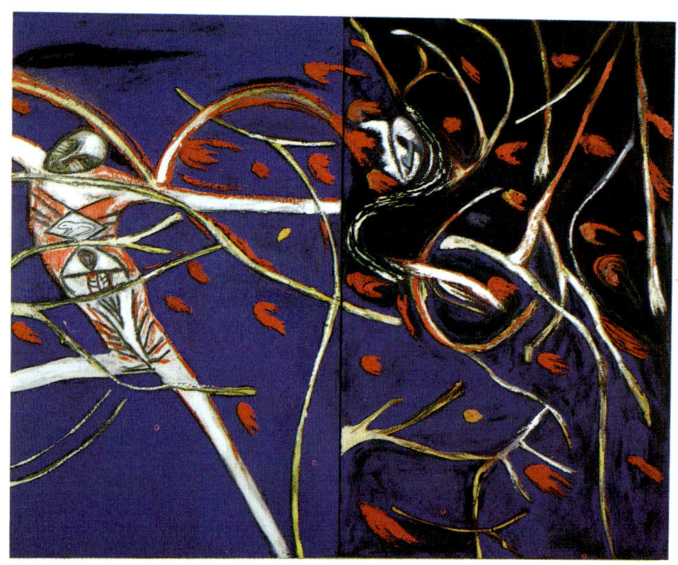

Grande cabalista, 1981/82.
Olio su tela, 280 x 225 cm.

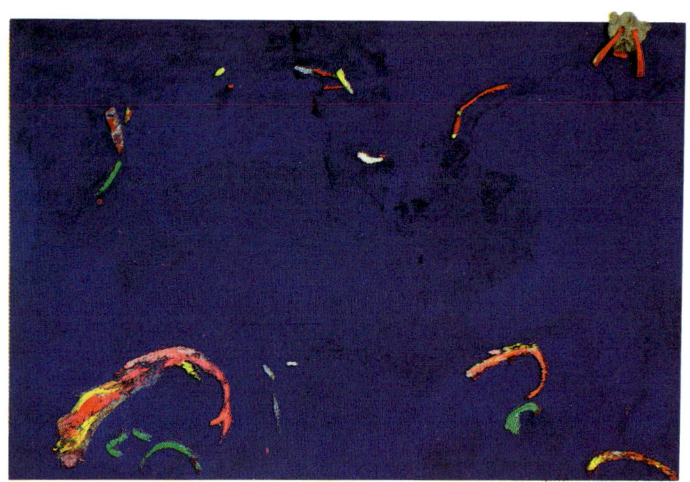

Stregato, 1979.
Tecnica mista su tela, 200 x 300 cm.

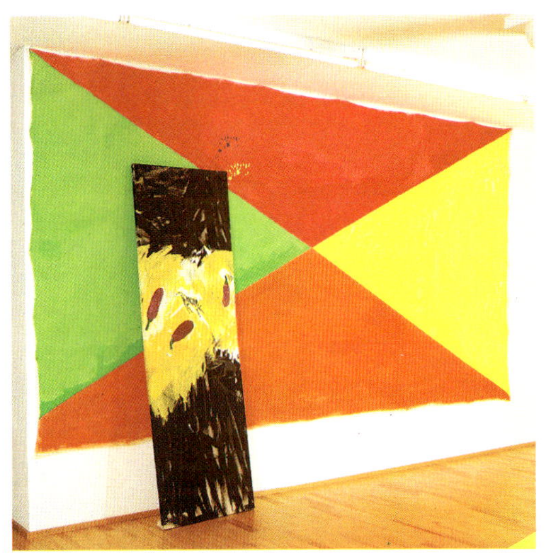

Tropico, 1979.
Olio e acrilico su tela, 200 x 300 cm.
Installazione alla galleria Paul Maenz, Colonia.

Silenzioso, 1977.
Pigmenti su tela, 220 x 400 cm.

Il silenzio e il pane, 1989.
Tecnica mista su tela, 232 x 462 cm.

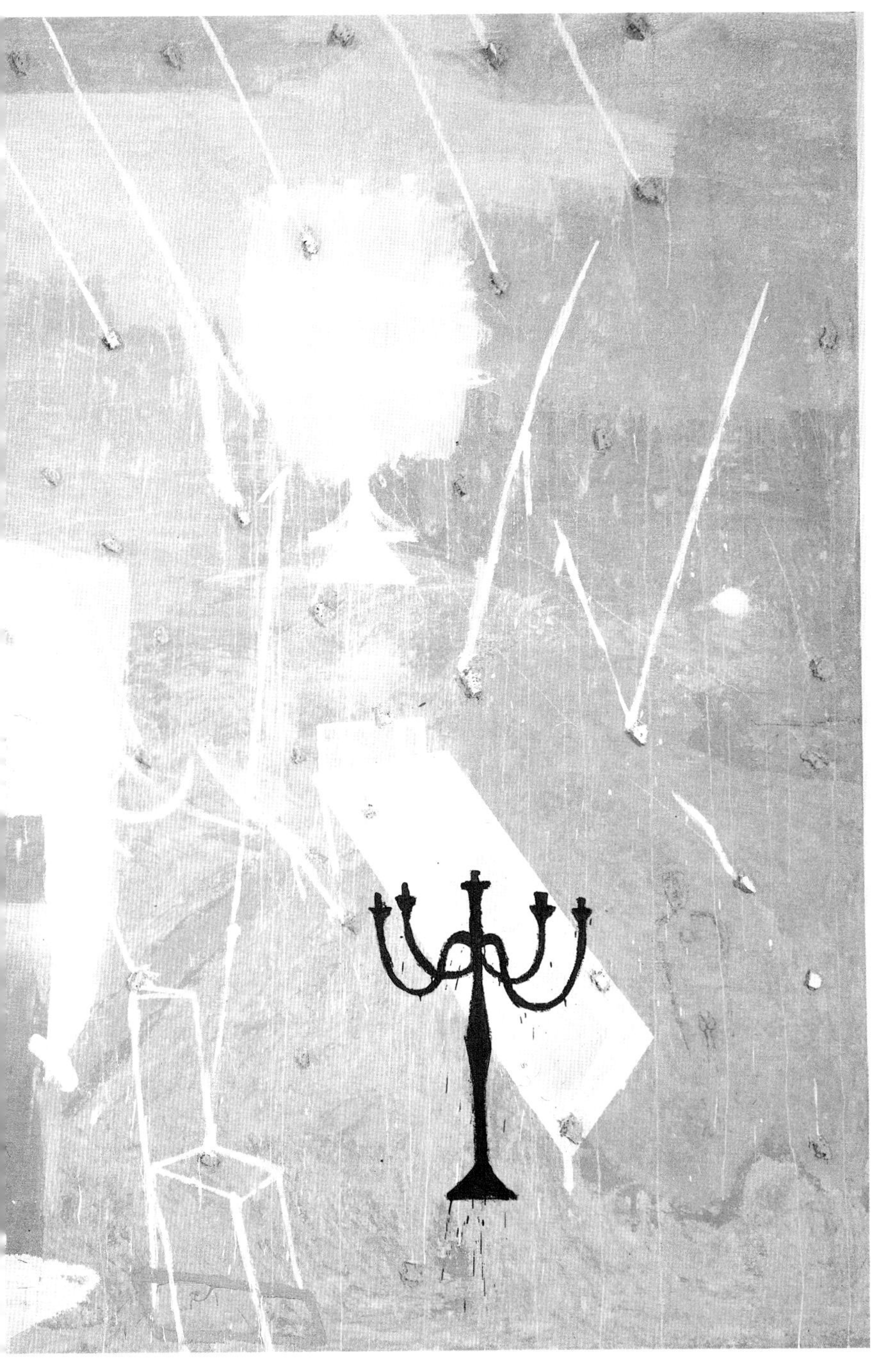

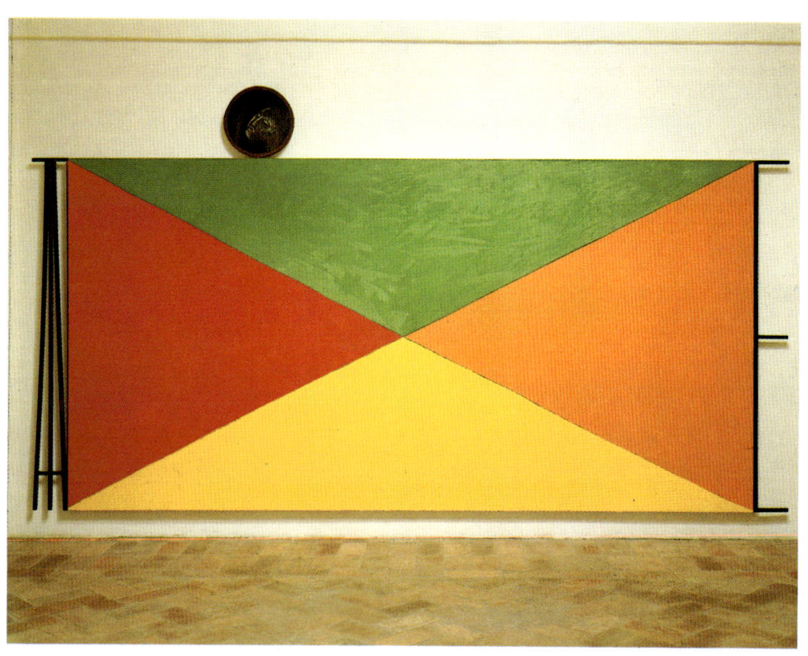

Senza titolo, 1987.
Olio su tela, legno e ferro, 242 x 443 cm.

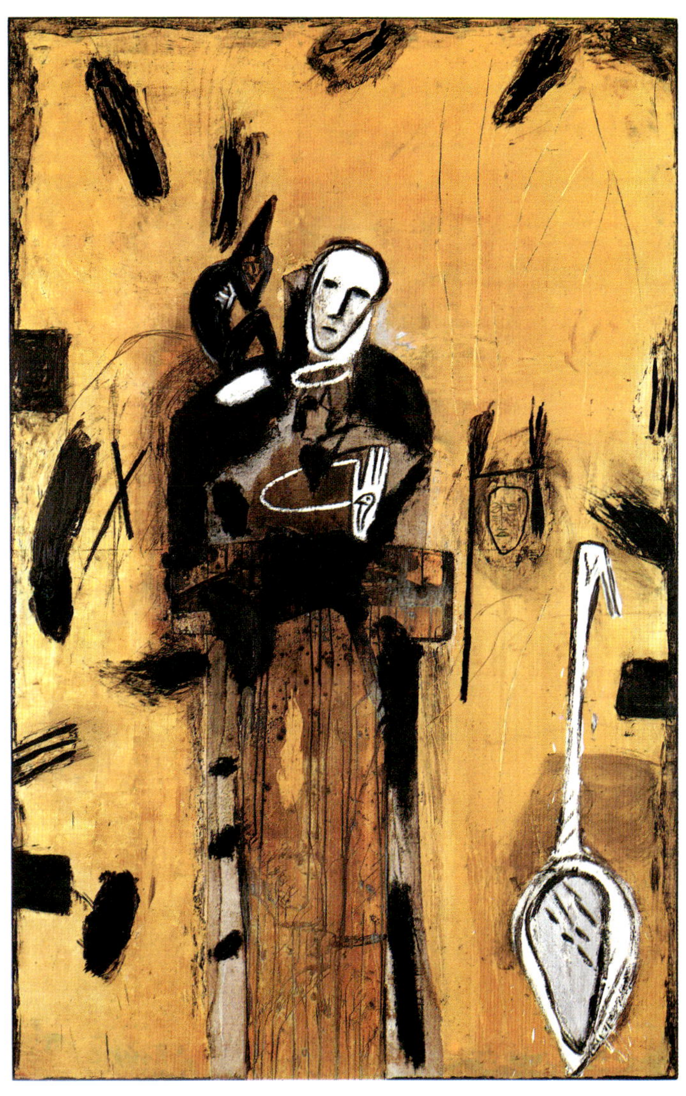

Solitario sole, 1988.
Tecnica mista su legno, 275 x 176 x 10 cm.
Collezione Museum of Modern Art New York.

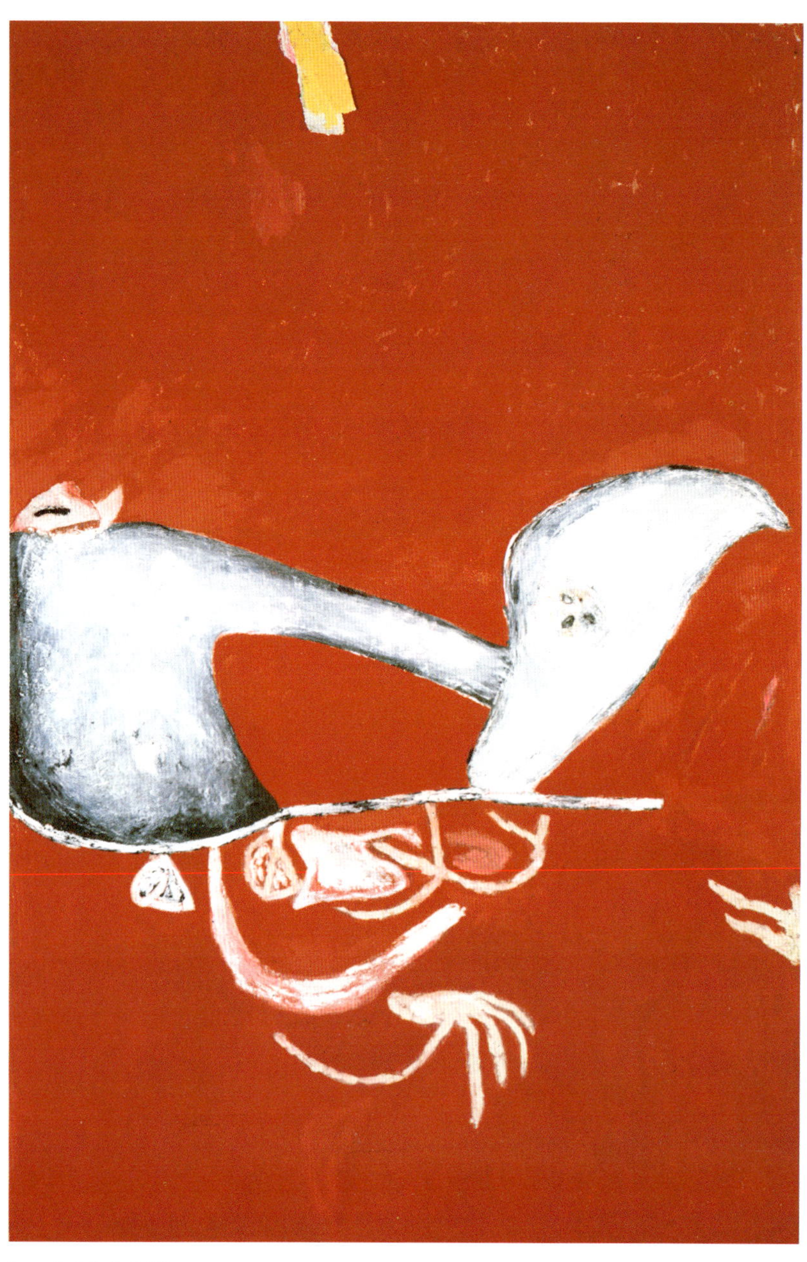

La solstizia I, 1981.
Encausto e tecnica mista su tela, 300 x 200 cm.
Dittico (particolare). Collezione Stedelijk Museum, Amsterdam.

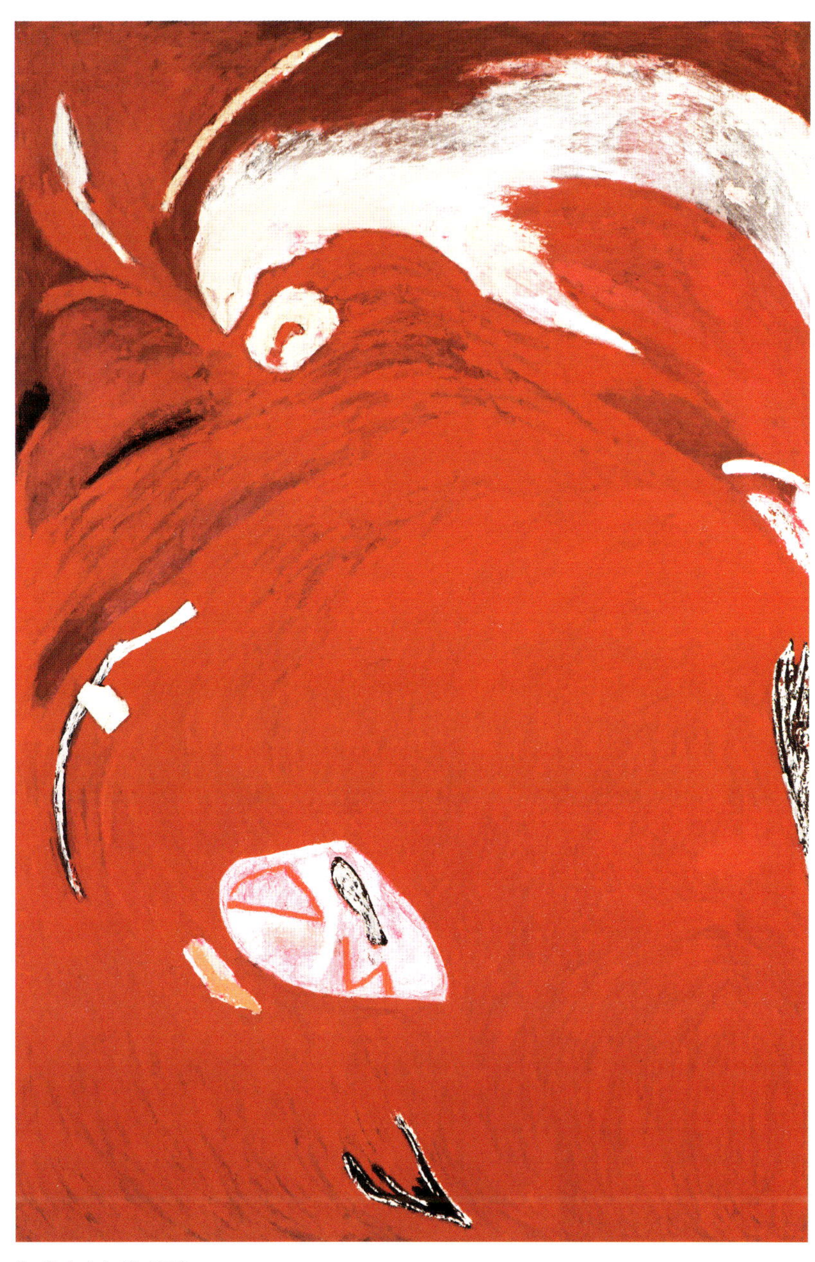

La Solstizia II, 1981.
Encausto e tecnica mista su tela, 300 x 200 cm.
Dittico (particolare). Collezione Stedelijk Museum, Amsterdam.

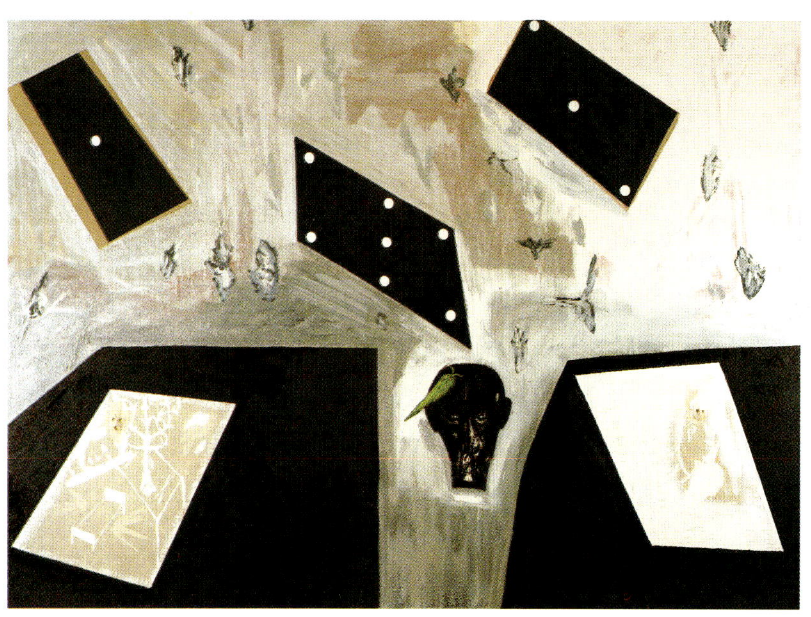

Amico mio amico mio, 1989.
Olio su tela, 232 x 462 cm.

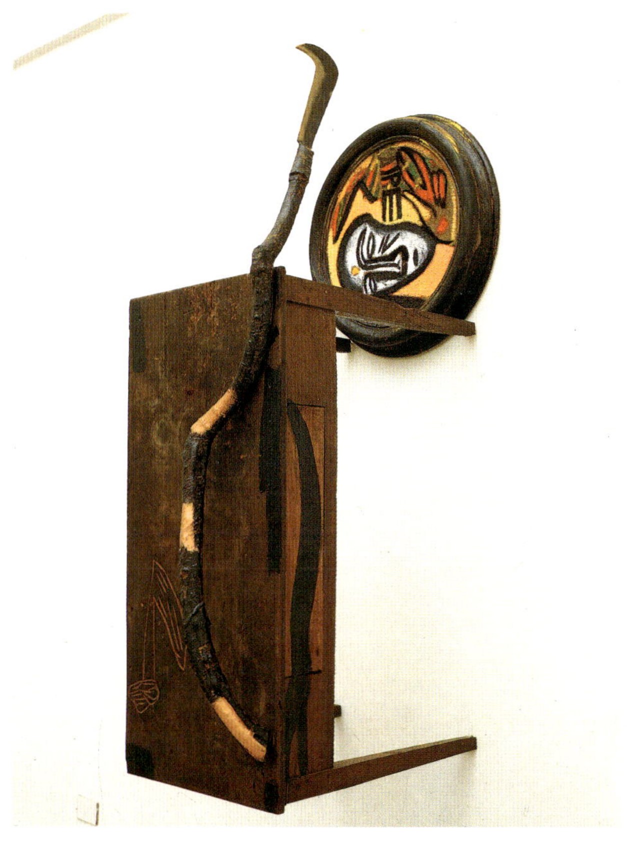

Eclisse, 1985.
Tecnica mista su tavolo, 156 x 50 x 82 cm + Tondo diam. 68 cm.

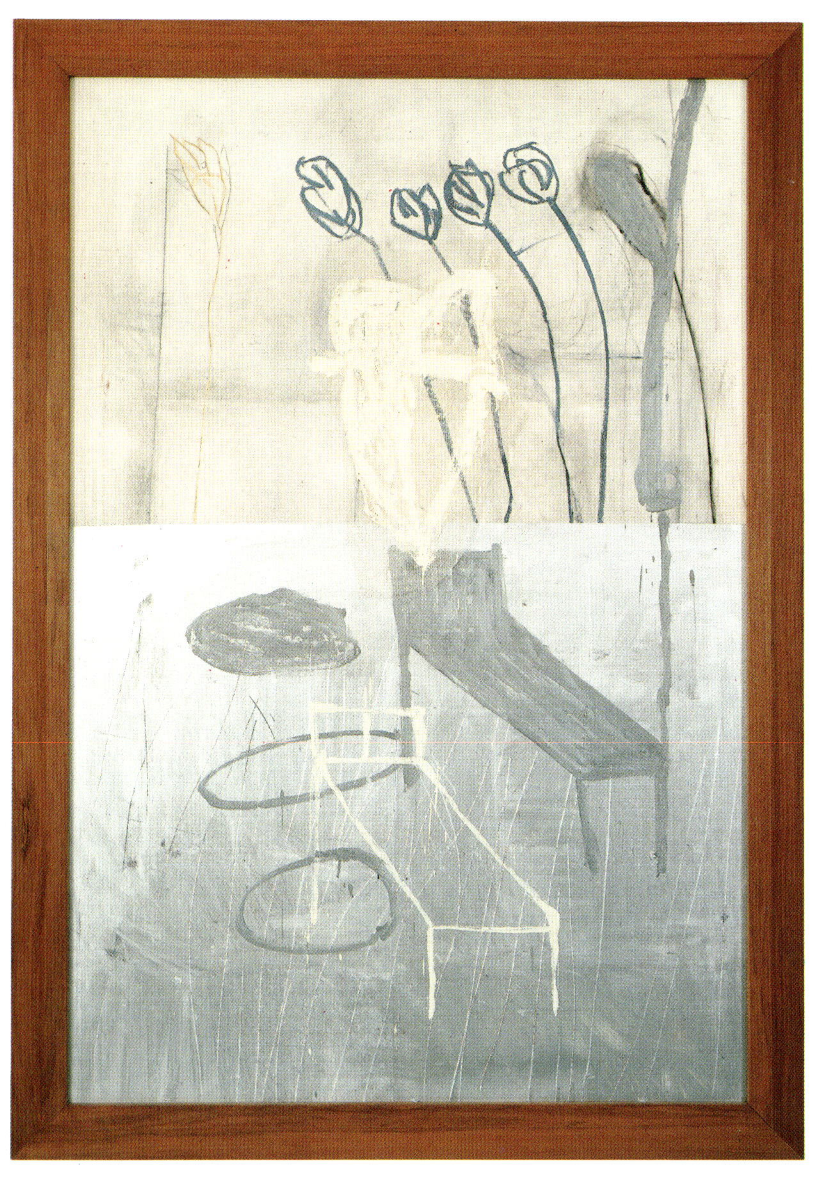

Senza titolo, 1989.
Tecnica mista su legno, 176 x 125,5 cm.

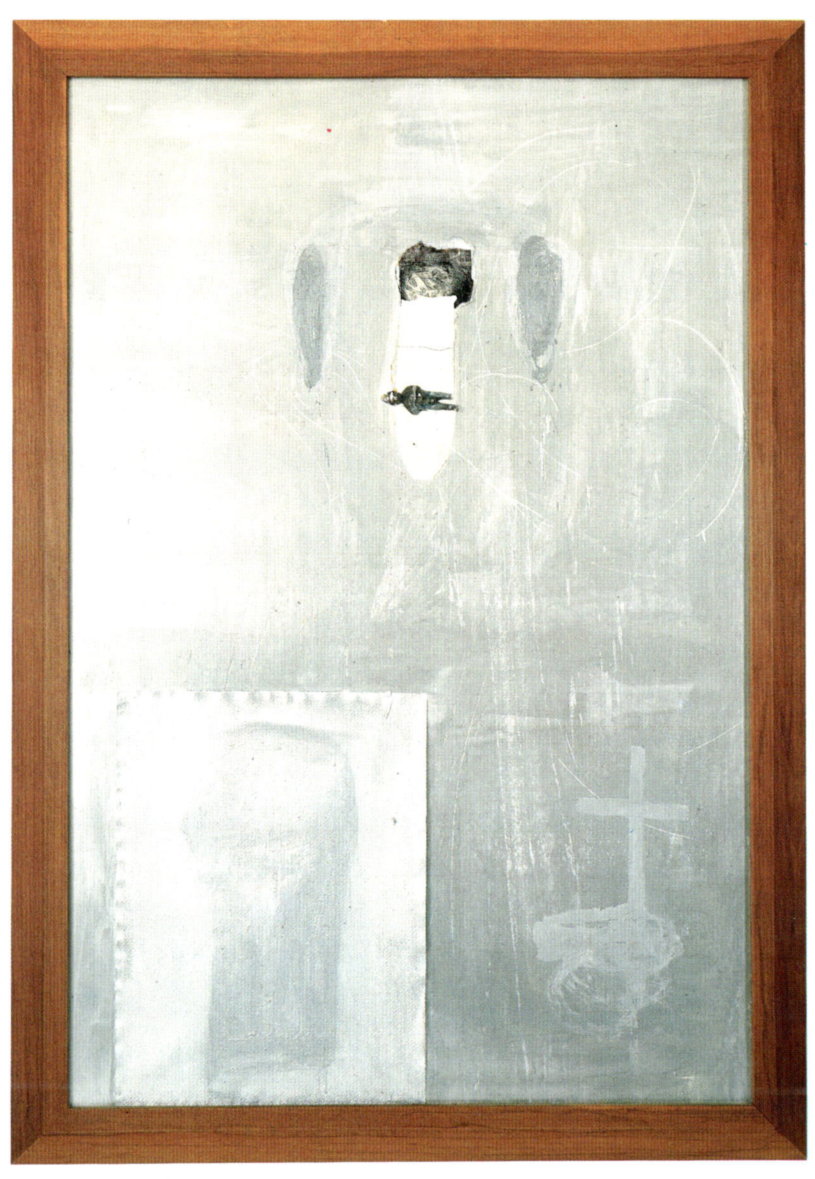

Senza titolo, 1989.
Tecnica mista su legno, 176 x 125,5 cm.

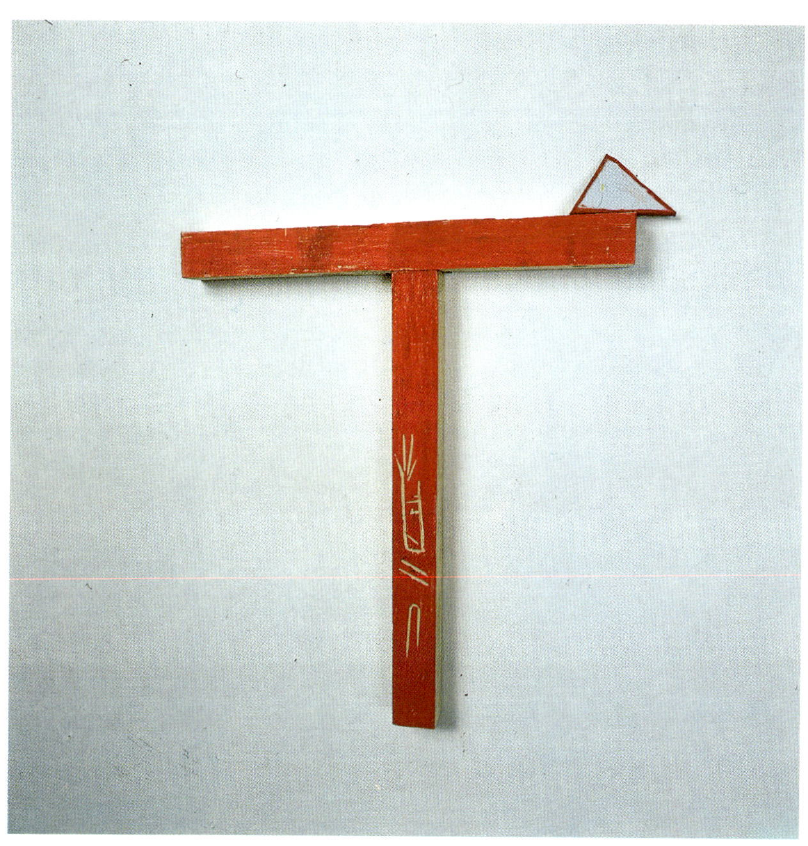

Senza titolo, 1978.
Acquerello e vetro su legno, 50 x 40 cm.

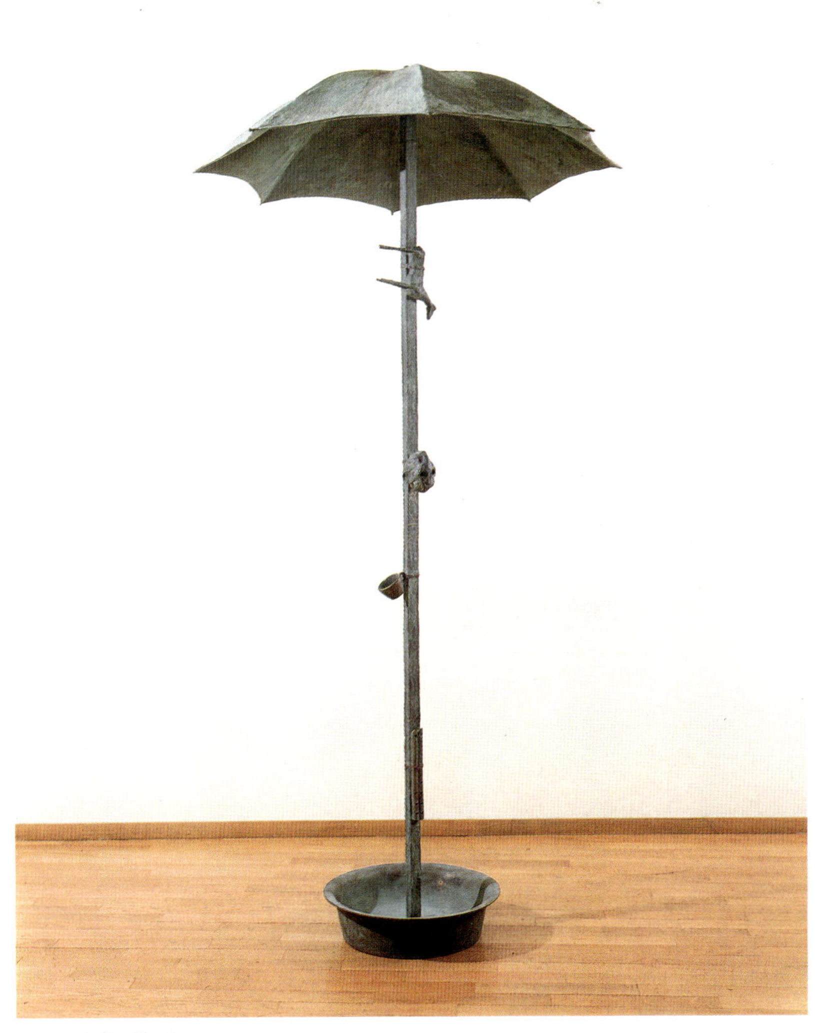

Senza titolo, 1988.
Bronzo, 214 x 108 cm.

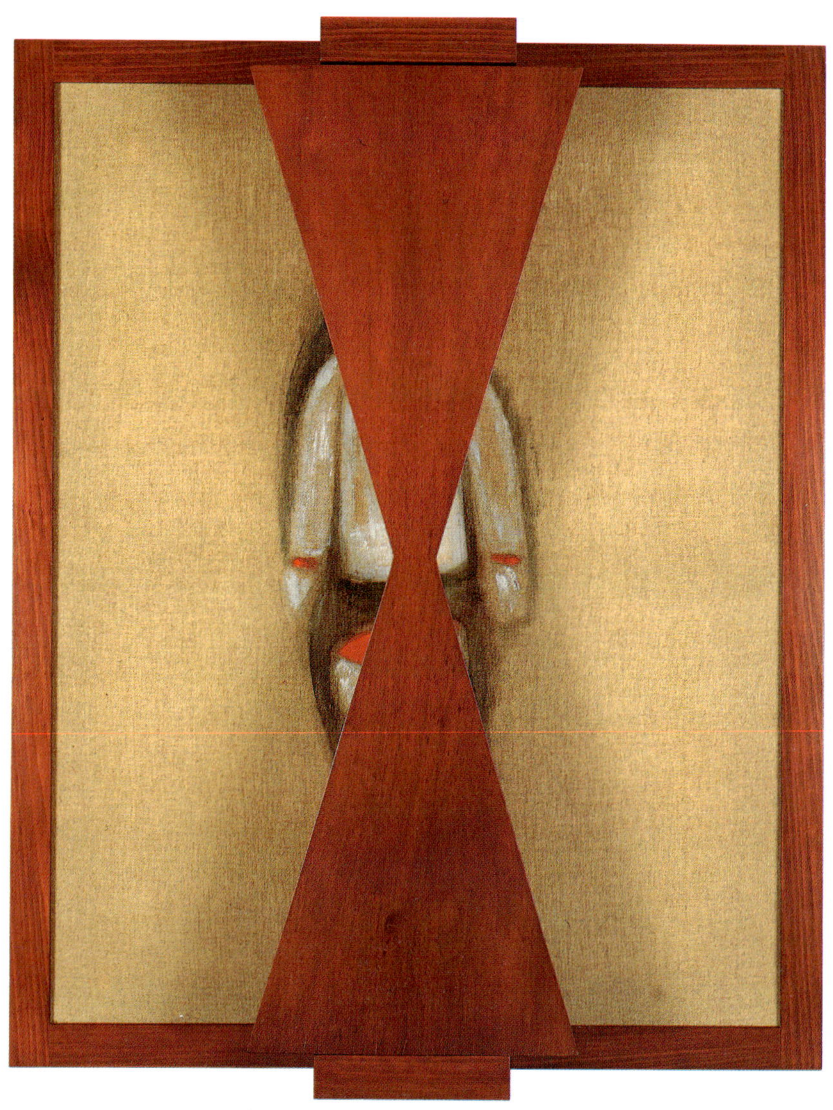

Senza titolo, 1989/90.
Olio su tela, 108 x 88 x 15 cm.

Biobibliografia

Mimmo Paladino, nato a Paduli (BN) nel 1948, vive e lavora a Milano e Paduli.

J. C. Amman, D. Koepplin, A. Wildermuth, catalogo della mostra *Mimmo Paladino, Zeichnungen 1976/81,* Kunstmuseum, Basilea 1981; A. Bonito Oliva, catalogo della mostra *Esercizi di lettura: Mimmo Paladino,* Galleria d'Arte Moderna, Bologna 1981; F. Vincitorio, *Intervista a Mimmo Paladino,* in "L'Espresso" n. 12, 1981; T. Trini, *Westkunst,* in "Flash Art" International n. 103, 1981; Z. Felix, *Westkunst a Colonia,* in "Domus" n. 619, 1981; I. Mussa, *Mimmo Paladino all Diacono,* in "Flash Art" International n. 104, 1981; K. Larson, *And Four's a Movement,* in "The Village Voice", ottobre 1981; L. Somaini, *I diamanti della Transavanguardia,* in "La Repubblica", 8/9 novembre 1981; C. Joachimides, N. Rosenthal, N. Serota, *A New spirit in Painting,* catalogo della mostra alla Royal Academy of Arts, Londra 1981; A. Bonito Oliva, *Tesoro,* catalogo della mostra alla Galleria Mazzoli, Modena 1981; *Catalog of Acquisitions, The Chase Manhattan Bank,* New York 1981; H. Arne Buch, *Mimmo Paladino: Tegninger 1976/81,* in "Louisiana Revy" n. 2, Humbleback 1982; A. Bonito Oliva, A. Wildermuth, catalogo della mostra alla Galerie Buchmann, St. Gallen 1982; A. von Pohlen, *Ein Blick Zurück und nach Vorne,* in "Generalanzeiger für Bonn", 14 maggio 1982; H. Einzig, *Anselm Kiefer, Mimmo Paladino,* in "Art Monthly", maggio 1982; C. Titterington, *Mimmo Paladino at Waddington,* in "Artscribe" n. 35, 1982; E. Comi e M. Paladino, *Sul nichilismo dell'uomo contemporaneo,* in "Lo Spazio Umano" n. 4, 1982; A. Wildermuth, *Mimmo Paladino,* in "Flash Art" International n. 16, 1982; J. C. Amman, Paladino: *Diamonds and Secret Cards,* in "Flash Art" International n. 16, 1982; Catalogo della mostra *New Figuration From Europe,* Milwaukee Art Museum, Milwaukee 1982; *Mimmo Paladino en de Jonge Italienen,* in "Bollettino del Groninger Museum", Groningen 1982; F. Morais, *Com a Vanguarda Ativa e uma Revisao do Passa Promete Ser Bom para a Arts no Rio,* in " O Globo", 31 gennaio 1983; A. Bonito Oliva, *La Transavanguardia Internazionale,* Politi Editore, Milano 1983; J. Nickles, *Trembles in Naples' Art,* in "Daily American", 29 giugno 1983; C. Fuentes, *La Transavanguardia Italiana o el Ultimo Movimento Pictorico,* in "ABC", 12 febbraio 1983; J. Cueto, *El Nombre de la Sopa,* in "El Pais", 1 febbraio 1983; M. Logorno, *Llego La Transavanguardia,* in "Diario", 12 febbraio 1983; M. Garcia, *Transavanguardia Italiana,* in "Tiempo de Vivir", 14 marzo 1983; F. Calvo Serraler, *Balance Provisional de la*

Transavanguardia, in "El Pais", 12 febbraio 1983; M. P. Quarzo Cerina, *Der Garten ist Geheimnisvoller Als der Wald,* in "Du" n. 504, 1983; R. Picciche, *La lezione di Morandi,* in "L'Ordine", 18 maggio 1983; F. Vincitorio, *La parte dell'occhio,* in "L'Espresso", 29 maggio 1983; D. Berger, *Intervista a Mimmo Paladino,* in "The Print Collect Newletter", vol. 14, maggio/giugno 1983; D.B. Kuspit, *Zeitgeist: Art's Attempt to Give a Spirit to the Times,* in "Vanguard", vol. 12, n. 4, 1983; A. Bonito Oliva, *Artisti italiani contemporanei dagli anni Cinquanta ad oggi,* in "Flash Art" Italia n. 113, 1983; M. Compton, *New Art at the Tate Gallery 1983,* Tate Gallery, Londra 1983; K. Larson, *Italian Fantasies, New York Facts,* in "New York", vol. 16, n. 46, 1983; Catalogo della mostra *Ars' Helsinki,* Konstmuseet i Ateneum, Helsinki 1983; S. Gohr, catalogo della mostra *Expressive Malerei Nach Picasso,* Galerie Beyeler, Basilea 1983; Catalogo della mostra *Det Italianska Trans Avangardet,* The Boibrino Gallery, Stoccolma 1983; M. Brenson, *Art: Mimmo Paladino,* in "The New York Times", 25 novembre 1983; A. Bonito Oliva, *7 Artistas Italianos,* in "Quaderns d'Art", Madrid 1983; M. Paladino, *Tutto e così sia,* in "L'uomo Vogue" n. 134, 1983; I. Rein, *Aktuel '83,* in "Artforum" vol. 22, n. 6, febbraio 1984; M. Stevens, *A Renaissance for European Artists,* in "Newsweek" International Edition, vol. 103, n. 1, 1984; Catalogo della mostra *Une Selection de la Collection Particulaire de Joshua Gessel,* Halle Sud, Ginevra 1984; AA.VV., catalogo della mostra *Il modo italiano,* LAICA, Los Angeles 1984; R. Pincus-Witten e P. Evans Clark, catalogo della mostra *Via New York,* Musée d'Art Contemporain, Montreal 1984; H. Geldzahler, J. Russi Kirshner, catalogo della mostra *Contemporary Italian Masters,* University of Chicago, Chicago 1984; D. Cameron, *The Last Roundup,* in "Arts Magazine", giugno 1984; G. Conte, *Breve elogio del mito,* in "Tema Celeste" n. 2, 1984; N. Dimitrijevic, *Sculpture After Evolution,* in "Flash Art" International n. 117, 1984; Catalogo della mostra *The Human Condition, The SEMMA Biennial III,* Museum of Modern Art, San Francisco 1984; D. Paparoni, *La discesa nella caverna,* in "Tema Celeste" n. 3, 1984; M. Diacono, *Verso una nuova iconografia,* Reggio Emilia 1984; *L'aelier aux Yeux Innombrables,* in "Decoration International" n. 73, 1984; M. McClintic, H. Fox, P. Rosenzweig, catalogo della mostra *Content: A Contemporary Focus,* The Hirshhorn Museum and Sculpture Garden, Washington 1984; Catalogo della mostra *Arbeiten zu Skulpturen,* Galerie Schellman & Klüser, Monaco 1984; A. Bonito Oliva, *Dialoghi d'artista,* Electa, Milano 1984; E. Heatney, catalogo della mostra *Images and Impressions,* Walker Art Center, Minneapolis 1984; R. Assunto, *L'immagine e il tempo,* in "Tema Celeste" n. 4, 1984; G. Dorfles e M. Paladino, *Veglia,* Milano 1984; T. Zaunschirm, catalogo della mostra *Hundert Tage für Salzburg,* Galerie Thaddaeus Ropac, Salisburgo 1984; G. Conte, *Il Mito Giardano,* in "Tema Celeste" n. 4, 1984;

H. Martin, *Inside Europe, Italy,* in "Artnews" vol. 85, n. 2, 1985; M. Brenson, *Human Figure is back in Unlikely Guises,* in "The New York Times", 13 gennaio 1985; G. Celant, catalogo della mostra *The European Iceberg,* The Art Gallery of Ontario, Toronto 1985; S. Kent, *Critical Images,* in "Flash Art" International n. 121, 1985; H. Bastian, catalogo della mostra *7000 Eichen,* Berlino 1985; M. Paladino, *Il silenzio del colore,* in "Carte segrete" n. 52, 1986; D. Flanell Friedman, *Art; The Inventive Italians,* in *All-Italy; The Book of Everything Italian*, Running Press Book Publishers, Philadelphia 1986; G. Watson, *Mimmo Paladino,* in "Artscribe" n. 61, 1987; H. Fox, *Avant-Garde in The Eighties,* Los Angeles 1987; U. Galimberti, *L'architettura e le figure del tempo,* in "Tema Celeste" n. 10, 1987; A. Vettese, *Mimmo Paladino,* in "Flash Art" International n. 134, 1987; P. Taylor, *How Europe Sold the Idea of Postmodern Art,* in "The Village Voice" n. 38, 1987; B. Corà e N. Lupi, *I contemporanei a Raffaello,* in "A.E.I.U.O." n. 19, 1987; N. Bourriaud, *Mimmo Paladino,* in "New Art International" n. 5/6, 1987; J. Kutner, *Innovative Artists Exhibit Works at Eugene Binder,* in "The Dallas Morning News", 20 novembre 1987; J. Neisser, *A Magnificient Obsession ,* in "Art and Auction" n. 5, 1987; D. Kuspit, L. Weintraub, catalogo della mostra *Process and Product,* Bard College Center, Blum Art Institute Ed., Annandale-on-Hudson, New York 1987; A. Dagbert, *Du masque à l'icone,* in "Artstudio" n. 7, 1987/88; A. Bonito Oliva, *Les raisons poètiques de la Trans-avant-garde,* in "Artstudio" n. 7, 1987; M. Vescovo, *Mimmo Paladino et les 'sorcieres' de Benevento,* in "Artstudio" n. 7, 1987/88; N. Bourriaud, *Mimmo Paladino,* in "Galeries Magazine", International Edition, febbraio/marzo 1988; L. Albertazzi, *Erik & Lillott Berganus - Watching the Way Birds Fly,* in "Galeries Magazine", International Editions, febbraio/marzo 1988; B. Grauman, *Europe's Hottest Curators,* in "Artnews" n. 3, 1988; D. Kuspit, catalogo della mostra *Fables and Fantasies - From the Collection of Susan Kasen and Robert D. Summer,* Duke University Museum of Art, Durham 1988; S. Litt, *Instant Collection, Timeless Appeal,* in "The News and Observer", 17 aprile 1988; S. Scott, catalogo della mostra *The Ellen and Jerome Westheimer Collection,* Oklaoma Art Center, Oklaoma City 1988; J. Turner, *Rome: "Proposal and Reproposals"* in "Artnews", estate 1988; D. Bonetti, *Boston: a Baker 's Dozen,* in "Artnews", estate 1988; R. Barilli, *Postmoderne ou neomoderne,* in "Ligea - Dossier sur l'Art" n. 1, 1988; R. Hughes, *The Venice Biennale Bounces Back,* in "Time" n. 4, 25 luglio 1988; Catalogo della *XLIII Biennale di Venezia,* Fabbri, Milano 1988; F. D'Amico, *Mi piace... non mi piace,* in "La Repubblica", 25 giugno 1988; S. Grasso, *C'è anche l'omaggio a Vallejo,* in "Corriere della Sera", 26 giugno 1988; R. Bossaglia, *Padiglione Italia - Che cosa fanno le vecchie glorie e quelle dell'80,* in "Corriere della Sera", 26 giugno 1988; A. Mammì, *La svolta della Biennale - Sua maestà l'artista,* in

"L'Espresso", 26 giugno 1988; S. Caley, *A Venice Biennial - A Report on the Major Pavillons,* in "Flash Art" International n. 142, 1988; G. Di Pietrantonio, *Ancora sulla Biennale,* in "Flash Art News" Italia n. 147, 1988; J. Turner, *Paladino's Palette,* in "House and Garden", dicembre 1988; R. Huges, *Raw Talk, but Cooked Painting,* in "Time Magazine", 3 aprile 1988; A.A.V.V., catalogo della mostra *Europa Oggi,* Museo d'Arte Contemporanea Luigi Pecci, Prato 1988; M. Meneguzzo, *Italian Mythos,* in "Contemporanea" International n. 2, 1988; C. Casorati, *Rome and Naples,* in "Contemporanea" International n. 2, 1988; S. H. Madoff, *Venice Biennale: Calm Waters,* in "Artnews" n. 7, 1988; A. R. Brizzi, *After a Visit to the XLIII Biennale,* in "Contemporanea International", settembre/ottobre 1988; W. Faver, *Italian Art in the 20th Century: Chauvinism and Chic,* in "Art News", maggio 1989; F. Dagen, *The Desise of the Sacred,* in "Le Monde", 11 marzo 1989; F. Pellizzi, J. Masheck, P. Gettinger, D. Shapiro, catalogo della mostra *1979-1989 America, Italian, Mexican Art From The Collection of Francesco Pellizzi,* Hofstra University, Hempsted, New York 1989; G. Perretta, *Mimmo Paladino,* in "Flash Art" Italia, estate 1989; C. Leigh, *Mimmo Paladino, Wiener Diwan: Sigmund Freud-heute,* Ritter ed., Vienna 1989; J. Turner, *Inside Europe: Italy, Trash and Treasure: The Essence of Alchemy,* in "Artnews", settembre 1989; M. Filler, *Design: Merchant of Memphis,* in "HG", settembre 1989; A. Hirst, *Hot Proprieties: Son of Memphis?,* in "Metropolitan Home", 1989; K. Johnson, *Mimmo Paladino at Sperone Westwater,* in "Art in America", novembre 1989; G. Testori, S. Licitra, *Veroniche: concezione di Mimmo Paladino,* in "L'Officiel" n. 752, 1989; A. Mammì, S. Soline, *Eternal Metaphors: New Art from Italy,* Independent Curators Incorporated, New York 1989; H. Drohojowska, *The Urban Pioneer,* in "Architectural Digest", febbraio 1990; *Artist Talk,* in "Flash Art News" International, gennaio/febbraio 1990; Z. Felix, *A Bride Returns (in Time),* in "Balcon" n. 5/6, 1990; G. Di Pietrantonio, catalogo della mostra *Tra mito e stereotipo,* Galleria In Arco, Torino 1990; Pier Giovanni Castagnoli, Tricia Collins & Richard Milazzo, Démostènes Davvetas, Demetrio Paparoni, catalogo della mostra *Mimmo Paladino,* Villa delle Rose, Bologna 1990.

Principali mostre personali

1976, Galleria d'Arte Duemila, Bologna; Nuovi Strumenti, Brescia; 1977, Galleria dell'Ariete, Milano; Galleria Lucio Amelio, Napoli; Galleria Deambrogi-Cavellini, Milano; 1978, Galerie Tanit, Monaco; Galleria Toselli, Milano; Galerie Paul Maenz, Colonia; Galleria Giorgio Persano, Torino; 1979, Art and Project, Amsterdam; Galleria Emilio Mazzoli, Modena; Galerie t'Venster, Rotterdam; Galleria Lucio Amelio, Napoli; Centre d'Art Contemporain, Ginevra; 1980, Galerie Tanit, Monaco; Galleria dell'Ariete, Milano; Annina Nosei Gallery, New York; Marian Goodman Gallery, New York; Badischer Kunstverein, Karlsrühe; Galerie Annemarie Verna, Zurigo; Galleria Giorgio Persano, Torino; Galerie Paul Maenz, Colonia; 1981, Galerie Bischofberger, Zurigo; Schellmann and Klüser, Monaco; Galleria Toselli, Milano; Galleria d'Arte Moderna, Bologna; Groninger Museum, Groningen; Mannheimer Kunstverein, Mannheim; Kestner Gesellschaft, Hannover; Kunstmuseum, Basilea; Galleria Mario Diacono, Roma; Galleria Lucio Amelio, Napoli; 1982; Marian Goodman Gallery, New York; Galleria Lucio Amelio, Napoli; Schellmann and Klüser, Monaco; Städtische Galerie, Erlangen; Museumverein, Wuppertal; Louisiana Museum of Modern Art, Humleback; Waddington Galleries, Londra; Galerie Buchmann, St. Gallen; 1983, Galleria Toselli, Milano; Newport Harbour Art Museum, Newport, Los Angeles; Galerie Thomas, Monaco; Galleria Gian Enzo Sperone, Roma; Sperone Westwater Gallery, New York; Galleria Mazzoli, Modena; Galerie Engström, Stoccolma; Galleria Meduza, Capodistria; 1984, Galerie Thaddaeus Ropac, Salisburgo; Galerie Thomas, Monaco; Schellmann and Klüser, Monaco; Musée St. Pierre, Lione; Waddington Galleries, Londra; 1985, Galerie Bernd Klüser, Monaco; Kunstnernes Hus, Oslo; Galerie Michael Haas, Berlino; Städtische Galerie im Lenbachhaus, Monaco; Deweer Art Gallery, Zwevegen-Otegem; Sperone-Westwater Gallery, New York; Galleria Lucio Amelio, Napoli; Richard Gray Gallery, Chicago; James Corcoran Gallery, Los Angeles; Virginia Museum of Fine Arts, Richmond; Sperone-Westwater Gallery, New York; Galerie Holtmann, Colonia; Galerie Bernd Klüser, Monaco; Richard Gray Gallery, Chicago; Galleria Gian Enzo Sperone, Roma; 1987, Galleria Lucio Amelio, Napoli; Kulturhaus, Graz; Moderne Galerie Rupertinum, Salisburgo; Galleria Toselli, Milano; Fuji TV Gallery, Tokyo; Galerie Thaddaeus Ropac, Salisburgo; 1988, Galleria in Arco, Torino; Richard Gray Gallery, Chicago; Waddington Galleries, Londra; Galleria Gian Enzo Sperone, Roma; 1989, Sperone Westwater Gallery, New York; Galleria Lucio Amelio, Napoli; Galerie Daniel Templon, Parigi; Cripta di Giulietta, Verona; 1990, Villa delle Rose, Bologna.

Principali mostre collettive

1975, *Campo Dieci*, Galleria Diagramma, Milano; *Da Mezzogiorno al Tramonto*, Villa Volpicelli, Napoli; 1977, *Cara Morte*, Gavirate, Varese; *Fotografia come analisi*, Teatro Gobetti, Torino; 1978, *International Drawing Triennial*, Wroclaw, Polonia; 1979, *Opere fatte ad arte*, Acireale; *Le Stanze*, Castello Colonna, Genazzano; *Arte Cifra*, Galerie Paul Maenz, Colonia; *Perspective, Art 10.79*, Basilea; 1980, *Après le Classicisme*, Musée d'Art et d'Industrie, Saint Etienne; *XXXIX Biennale di Venezia*, Venezia; Stedelijk Museum, Amsterdam; Museum Folkwang, Essen; *Ego Navigatio*, Mannheimer Kunstverein, Mannheim Kunsthalle, Basilea; *Linee della ricerca artistica in Italia 1960/80*, Palazzo delle Esposizioni, Roma; *Die Enthauptete Hand*, Bonner Kunstverein, Bonn; *Italiana nuova immagine*, Ravenna; 1981, *Il Mobile Infinito*, Facoltà di Architettura Politecnico, Milano; *Mostra d'Arte*, Acireale; *Westkunst*, Colonia; *Biennale de Paris*, Parigi; *A New Spirit in Painting*, Royal Academy of Art, Londra; 1982, *New Figuration from Europe*, Milwaukee Art Museum, Milwaukee; *Zeitgeist*, Internationale Kunstausstellung, Berlino; *Neue Skulptur*, Galerie nächst St. Stephan, Vienna; *Halle 6*, Amburgo, *Forma senza forma*, Galleria Civica, Modena; Palazzo Lanfranchi, Pisa; *Giovani Pittoriscultori Italiani*, Sala Rotonda di via Besana, Milano;

Avanguardia Transavanguardia 1968/77, Mura Aureliane, Roma; *Transavanguardia Internazionale*, Galleria Civica, Modena; *Documenta 7*, Kassel; *Sydney Biennial*, Sydney; 1983, *ARS 83*, The Art Museum of the Ateneum, Helsinki; *Terrae Motus*, ICA, Boston; *Det Italienska Transavangardet*, Boibrino Gallery, Stoccolma; *New Art*, Tate Gallery, Londra; *Bilder der Angst und der Bedrohung*, Kunsthaus, Zurigo; *Aktuel 83*, Städtische Galerie im Lenbachhaus, Monaco; *L'Informale in Italia*, Galleria d'Arte Moderna, Bologna; *Jarry e la Patafisica*, Milano; *Conseguenze Impreviste*, Prato; *New Drawing, Evropska and Amerisvka*, Capodistria; *L'Italie et l'Allemagne*, Musée d'Art et d'Histoire, Ginevra; *New Painting*, The Tel Aviv Museum and Joshua Gessel, Tel Aviv; *Nuovi Disegni*, Kunstmuseum, Basilea; *Mimmo Paladino, A.R. Penck*, Buchmann, St. Gall; *Concetto-Imago*, Bonner Kunstverein, Bonn; *La Transavanguardia*, Fundacion Joan Miró, Barcellona; *Artisti Italiani Contemporanei*, Venezia; *Tema Celeste*, Museo Civico d'Arte Contemporanea, Gibellina; *Italia, la Transavanguardia*, Obra Cultural de la Caja de Pensiones, Madrid; *Les Revues d'Aujourd'hui en Europe*, Marsiglia; *Tracce*, Palazzo Sormani, Milano; 1984, *Via New York*, Musée d'Art Contemporain, Montréal; *Rose 84*, Dublino; *An International Survey of Recent Painting and Sculpture*, Museum of Modern Art, New York; *Images and Impressions*, The Walker Art Centre, Minneapolis; *The Human Condition*, Biennial III, San Francisco Museum of Modern Art, San Francisco; *Content: A Contemporary Focus 1974-1984*; Hirshhorn Museum and Sculpture Garden, Washington, D.C.; Galerie Ressle, Stoccolma; *Terrae Motus*, Villa Campolieto, Ercolano; *Contemporary Italian Masters*, Chicago Council of Fine Arts, Chicago; *La tradizione nel presente*, Varallo; *Reference*, Saint Leroi; *Skulptur in 20 Jahrhundert*, Basilea; *Det Italienska Transavangardet*, Lunds Kunsthalle, Stoccolma; 1985, *A New Romanticism*, Hirshhorn Museum and Sculpture Garden, Washington, D.C., poi Akron Art Museum, Akron, Ohio; *7000 Eichen*, Kunsthalle, Tübingen; *Biennale San Paolo*, San Paolo; *Bilder für Frankfurt,* Museum für Moderne Kunst, Francoforte; *Arbeiten zu Skulpturen*, Schellmann & Klüser, Monaco; *Anni Ottanta*, Imola; *XIII Biennale*, Grande Halle de La Villette, Parigi; *Il flauto magico*, Palazzo della Permanente, Milano; *The European Iceberg*, Art Gallery of Ontario, Toronto; 1986, *Sculpture for Public Places*, Marisa del Re Gallery, New York; Frankfurter Kunstverein, Francoforte; *Sculpture*, Waddington Galleries, Londra; *Beuys zu Ehren*, Städtlische Galerie im Lenbachhaus, Monaco; *Naiveté in Art*, The Setagaya Art Museum, Tokyo, poi Tochigi Prefectural Museum of Fine Art, Tokyo; 1988, *Europa Oggi*, Centro per l'Arte Contemporanea Luigi Pecci, Prato; *Materialmente*, Galleria Comunale d'Arte Moderna, Bologna; *Dannunziana*, Università G. d'Annunzio, Pescara; *XLIII Biennale di Venezia*, Venezia; 1990, *PresenceEternity-Traces of the Trascendental in Today's Art,* Martin-Gropius-Bau.